Guide for the application of modern evaluation index system
of water conservancy project management

水利工程管理现代化评价指标体系应用指南

黄祚继　高玉琴　汪　霞　赵以国　余　兵　等著

合肥工业大学出版社

前　言

为贯彻落实 2011 年中央一号文件精神，我国在加快建设工程水利、资源水利、民生水利、生态水利"四个水利"，全力推进水利各项工作中，取得了较好的成效。2016 年是"十三五"开局之年，中央十八届五中全会审议通过了《中共中央关于制定国民经济和社会发展第十三个五年计划的建议》，《建议》提出的创新、协调、绿色、开放、共享"五大发展理念"，作为"十三五"规划建议最核心的内容之一，是指导"十三五"期间中国发展的新的"思想灵魂"。坚持创新发展、协调发展、绿色发展、开放发展、共享发展，是关系我国发展全局的一场深刻变革，也是"十三五"水利工作的首要任务。加快水利现代化建设是"十三五"水利工作的重点，而水利现代化很大程度上取决于水利工程管理现代化，如何评价水利工程管理现代化，需要建立评价指标体系。课题组通过 128 个大中型水库、400 个大中型水闸、390 个大中型泵站、498 个大中型灌区和总长 2725km 的二级及以上堤防数据收集、调研和资料统计分析，建立了水利工程管理现代化评价指标体系。为熟练掌握和应用水利工程管理现代化评价指标体系，特编写本书。

本书引用的水库、堤防、水闸、泵站和灌区示例，仅作为水利工程管理现代化评价指标体系分析用，其成果不代表示例单位真实水平，也不适应于政府评价。

本书共十章，编写人员及编写分工如下：黄祚继、赵以国编写第一章，高玉琴、汪霞编写第二章和第三章第 1、2、3 节，闫文娟、王润英编写第三章第 4、5、6、7 节，王春林、乔一帆、周杰编写第四章，李达、汤宇强编写第五章，吴学文、陈钇西编写第六章，王旭光、陆晓华编写第七章，徐国敏、陈鸿玉编写第八章，柏瑞、罗京蕾编写第九章，余兵编写第十章。

本书统稿和校对由汪霞和李达共同完成，黄祚继、高玉琴、赵以国、余兵统审。

本书在编写过程中得到安徽省水利厅水利管理处、安徽省·水利部淮河水利委员会水利科学研究院、河海大学、安徽省大禹水利工程科技有限公司的大力支持和帮助，在此表示诚挚的感谢！

由于编者水平有限、时间仓促，书中不足之处敬请读者斧正。

著 者

2016 年 12 月

目　　录

第1章　概　述

1.1　问题的提出

现代化是人类文明进程的一种深刻变化，是社会发展的必然选择。党的十七大、十八大明确提出，到 2020 年全面建成小康社会，2050 年基本实现现代化，达到世界中等发达国家水平。党的十八届五中全会确定了创新、协调、绿色、开放、共享的发展理念，是"十三五"乃至更长时期我国发展思路、发展方向、发展着力点的重要体现，这是关系我国发展全局的一场深刻变革。

水利现代化是以可持续发展的思路、市场经济的规律和系统发展的理论为指导，用现代的理性思维和理念转变人类传统的治水思路，用先进的科学技术改造传统的水利技术，用先进的现代化装备武装水利设施，用现代化水利管理制度改革水利管理的动态过程。水利现代化是国家现代化的重要组成部分，并与之紧密相连、互为促进。推进水利现代化是实现水资源可持续利用，水与经济、社会、环境及其他资源持续协调发展，支撑和保障国家现代化的必然选择。而水利工程管理现代化是实现水利现代化的重要保障，是适应经济社会现代化和水利现代化的客观需要，是建立现代的、科学的水利工程管理体系的过程。

1.2　研究的目的和意义

由于各地自然条件、资源禀赋和经济社会发展水平不尽相同，水利的建设内容和重点也不尽相同，水利工程管理的体制机制、手段等也有很大不同。因此，制定出一套科学实用、能比较全面反映水利工程管理现代化特征和要求的评价指标体系具有重要的意义。本研究通过定性分析与定量分析相结合的方法，客观评价当前和今后一个时期的水利工程管理总体发展水平，为水利事业健康、稳定、快速、持续发展提供理论指导。

1.3　我国水利工程管理取得的成就及存在问题

1.3.1　取得成就

2002 年 9 月，国务院体改办会同水利部、财政部等 8 部委起草了《关于水利工程管理体制改革实施意见》（以下简称《实施意见》）。《实施意见》明确提出，力争用 3～5 年时间，初步建立起符合我国国情，充满生机活力的水利工程管理体制和运行机制。十八大提出以科学发展观为指导，加快水利改革发展步伐，着力推进传统水利向现代水利、可持续发展水利转变。以"四化"同步发展为目标，完善现代水利工程体系，以法制和科技为支撑，强化依法管水和科技兴水，着力提高水利社会管理和公共服务水平。

1. 水利工程管理法规、制度及标准规范体系不断健全完善

为推进水利工程管理规范化、法制化、现代化建设，提高水利工程管理水平，确保水利工程运行安全和充分发挥效益，国家和水利部制定了一系列相关的法律法规和技术规程，包括《中华人民共和国河道管理条例》《长江河道采砂管理条例》《河道堤防工程管理通则》《水闸工程管理通则》《水库工程管理通则》《水利水电工程管理条例》《水库大坝安全管理条例》等，为依法行政、依法管理提供了强有力的法律支撑。

2. 水利工程管理体制改革成效显著

2003 年 5 月，水利部颁布了《水利工程管理考核办法（试行）》（以下简称《考核办法》）（2008 年修订），初步建立了我国水利工程管理考核标准体系，为全面、系统、科学地考核水利工程管理水平提供了依据。《水利工程管理单位定岗标准（试点）》、《水利工程维修养护定额标准（试点）》、《水利工程管理考核办法》（水建管〔2008〕187 号）、《水闸安全鉴定管理办法》（水建管〔2008〕214 号）、《关于进一步加强水利工程建设管理的指导意见》（水建管〔2009〕115 号）的颁布实施，为水利工程管理单位科学定岗定员、合理核定公益性工程维修养护经费提供了标准和依据。"十一五"以来，全国各级水行政主管部门按照水利部的统一部署，开展了以分类定性、定员定编、落实

两费为主要内容的水利工程管理体制改革。通过改革，一是理顺了管理体制。各地以推进改革为契机，整合水利工程管理单位，健全管理机构，理顺管理体制。二是明确了水利工程管理单位人员经费和工程维修养护经费的供给渠道，初步解决了长期存在的水利工程运行维护无稳定经费渠道的问题。三是精简了管理队伍。各地按照精简效能的原则，裁减冗员，竞争上岗。四是巩固了水利工程管理发展的基础。进一步明确了水利工程管理单位社会公益性服务基本职能定位，为水利工程管理的发展创造了条件。

3. 以达标考核为抓手，提升工程管理水平

近年来，全国各级水利部门坚持以达标考核为抓手，有效地提升了水利工程管理水平。

通过水利工程管理达标考核，培育了一批重技术、强管理、规范有序、措施到位的管理样板，有力地推动了水利工程管理水平的提高。一是提高了工程的维修养护率和完好率。水利工程管理单位按照考核标准的要求和规定，普遍加强了工程检查观测和维修养护，及时发现问题和隐患，及时加以排除或制定应急方案，确保了工程完好、安全可靠运行。二是规范了各项管理行为。在达标考核过程中，水利工程管理单位加强制度化、规范化建设，规章制度不断健全完善，制度执行力不断提高。三是提高了管理水平。水利工程管理单位严格按照技术规范进行管理，重视职工业务培训，引进和创新管理技术，提高了水利工程管理水平。四是提升了水利行业形象。考核达标的水利工程管理单位，工程设施设备完好、管理行为规范、服务社会优良、效益发挥充分、面貌焕然一新，展现了良好的水利行业形象。

1.3.2　存在问题

人们已认识到加强管理对水利发展的重要作用，但对如何加强管理、提高管理水平尚缺乏清晰的思路和有效的政策措施。长期以来，水利工程存在"重硬件，轻软件，管理投入严重不足"的现象，导致工程缺乏必需的维护，老化失修严重，加上河道、湖泊淤积，擅自圈圩设障、非法采砂以及破坏水利工程的现象时有发生，致使水利工程效益衰减十分严重。特别是随着社会主义市场经济体制的不断建立和完善，一些深层次的体制机制问题逐步暴露出来，主要表现在：

1. 水利工程行政管理体制不顺，管理权责不明

一些水利工程没有严格按分级管理的原则进行管理，一些水行政主管部

门对水利工程管理单位只有业务管理权限，没有人事管理权，只管事不管人；对一些非水利部门管理的水利设施和水利工程管理单位，各级水行政主管部门的行业管理责任难以落到实处。

2. 水利工程管理单位性质不明，定性不准，机制不活

我国大部分工程为综合利用工程，既有公益性质，又有经营性功能；既有财政拨款，又有经营性收入。性质不明造成水利工程管理单位内部事、企职能不分，责任主体不明晰，管理不规范，既影响水利工程管理和养护质量，又不利于水利工程管理单位经济效益的提高。

3. 政府投入的经费不到位，大量公益性支出财政未承担

多数纯公益性工程水利工程管理单位本应为各级财政全额拨款的事业单位，但大都被定为差额补助事业单位，有的甚至被定为自收自支事业单位，即使有拨款，也远远不能满足工程运行费用和人员工资。

4. 自身造血功能不足

主要表现在两个方面：一方面，水资源尚没有完成按市场经济运作，不能按照市场需求定量定价，水价偏低；另一方面，惠农政策与水资源使用存在政策上的不顺，水费收取困难。供水水费是水利工程管理单位主要收入来源，但是目前供水水价偏低使得供水不能收回成本，更不用谈形成供水产业，实现良性循环。据部分省统计，农业供水水价仅为成本的 1/3 左右，而且收取率仅为 40%～60%。

5. 人员总量过剩与结构性人才缺乏并存

人员结构不合理是目前水利工程管理单位普遍存在的现象。由于安排子女就业及一些地方政府随意安置人员等原因，队伍不断膨胀，致使职工人数远远超出原编制，但各地水利工程管理单位真正急需的工程技术人员严重短缺，技术力量薄弱，无法满足规范的技术管理需要，缺乏创新精神，更谈不上实施现代化管理。

目前，我国水利工程管理存在的主要问题有：

1. 部分工程老化严重，安全隐患多

我国大多数水利工程始建于 20 世纪六七十年代，工程设计标准低，水工建筑物、机械设备、电气线路老化严重，加之长期以来一直受"重建轻管"思想影响，很多水利工程缺乏必需的维修养护经费，得不到有效的维修养护，老化失修严重，功能明显衰减，安全隐患增多。

2. 运行、养护经费不落实

目前各级财政对公益性、准公益性水利工程的管理经费投入未能按时足

额到位。由于当地财政资金缺口很大，政府部门认为水利部门目前通过水费收入以及从事多种经营等途径还可以维持基本运作，因此并没有把解决水利工程管理单位的两项经费作为一件迫在眉睫的事对待。

3. "管养分离"实施难度大，进展缓慢

部分水利工程管理单位的维修养护经费不足，很大程度影响了"管养分离"实施的进度，先进地区的水利工程管理单位经济实力较强，新建工程的维修养护工作已逐步走上社会化服务，通过合适的采购方式，择优选择养护队伍，"管养分离"运行机制较为成熟，经济落后省份水利工程管理单位开展"管养分离"有一定难度。

4. 水利工程管理单位包袱沉重

一是人员超编严重；二是职工收入较低，导致队伍不稳定，知识更新不及时；三是单位经费缺口较大。

5. 水利管理队伍结构不合理、管理水平不高

据调查，水利工程管理单位普遍存在队伍结构不合理、管理水平不高的问题。水利工程管理单位工程技术人员、技术工人短缺，由于缺乏经费，职工的教育培训工作无法开展，知识更新不及时，管理不到位，给工程的安全运行带来一定的隐患。

6. 水价管理事权划分不清，水价调整机制不灵活

2011 年中央一号文件规定，积极推进水价改革，充分发挥水价的调节作用，兼顾效率和公平，大力促进节约用水和产业结构调整。但实际工作中的情况非常复杂，水价管理事权边界不清，责任不明确，水价改革明显滞后。水价特别是农业水价定价难、调价难，一定几年甚至十几年不变，供水价格大部分没有达到供水成本，一般仅为供水成本的 30%～50%，供水工程不能维持简单再生产。此外，有些地方水费收缴率低，部分地区存在水费县乡统筹使用的问题，水费没有真正使用于水利工程管理。

7. 权责不明，职能不清，依法管理力度不够

我国在河湖管理范围和水利工程管理与保护范围未能确权划界，致使"三权"不能统一，给管理单位的日常管理增加了难度。部分单位由于管理人员缺乏，管理措施不到位，仍然经常出现扒堤开口、违章种植、破坏绿化等现象。对一些违章、违法行为查处的难度大，牵涉面比较广，而且执法措施、手段、装备以及人员的不到位，给行政执法增加了很大的难度。

1.4　国内其他行业工程管理经验借鉴

高速公路日常养护与维修是为了保持高速公路及其附属设施的正常使用功能所进行的经常性保养和修补微损部分的作业。目前，我国高速公路日常养护体制主要划分为两种模式：自营模式和市场化外包模式。

1. 自营模式

自营模式要求养护管理机构建立自己的专业化养护队伍，负责所辖道路的日常养护与维修工作，带有一定的计划经济特点。为了降低养护成本，对于一些专业化要求较低的养护工作，如路面清扫保洁、路基边沟疏通等，往往外包给当地民众或个体户实施。正规的养护队伍则致力于技术性强、机械化要求高、需要专业设备的养护维修工作，如路面机械化清扫、路面小修、标志标线维护、护栏维修等。自营模式的优点是管理直接，服务有力；缺点是管养一体，缺乏竞争，往往避免不了"小而全"。

2. 市场化外包模式

高速公路养护管理机构将所辖道路的日常养护维修项目作为标的，公开向社会招标，以经济合同的方式，将其外包给符合资质要求的养护经营公司。因此，公路管理机构不设日常养护队伍，无须配置相应的养护机械设备，只需配备少量的专业技术人员，负责技术管理工作。而养护承包公司则根据合同规定，分期按时取得养护经费，并按合同要求完成公路的日常养护维修工作。由于承包公司专门从事高速公路的养护工作，财务独立，自负盈亏，为了在竞争中获取最大化的收益，必然促使其加强管理，提高养护工作效率，从而使养护管理机构能以最少的养护投入，获取最大的经济效益。

经验借鉴之处：高速公路的养护管理，既要使其公益性得到充分保障，满足社会公益性的需求，也应积极探索养护经营的多样化，充分利用市场机制，使养护工作逐步步入社会化、市场化、专业化的轨道。

1.5　国外水利工程管理先进经验借鉴

由于社会历史背景、行政管理体制、流域和水资源特点不同，世界各国的水行政管理体制的设置形式多种多样，管理方法也多种多样，有些是很值得借鉴的。这里对美国、日本两个发达国家的水利工程管理的先进经验进行总结。

1.5.1　美国

美国水利工程建设与管理的先进性主要表现在以下八个方面：（1）环保的工程理念。美国的自然环境保护意识强，非常重视自然环境保护工作，各级政府制定了一系列的政策和规定。凡是环境保护措施不全面、不落实、不可信的工程，环保部门实行一票否决制。城市废水三级处理，水质符合养鱼标准，有效地控制了废水对河流和海洋水质及其环境的污染。（2）高度的法制建设。在水利工程建设和管理方面，从规划到勘测设计，从建设到工程管理，都是以立法为基础，以立法为保证。这些法律条文往往通过"协议"得到细化，从而得到很好地执行。（3）稳定的资金来源。美国的水利建设是联邦政府、州政府、地方政府及私人企业共同参与的，投资构成大约是联邦政府占 26%、州和地方政府占 57%、私人占 17%（但防洪项目中联邦政府投资占 90%）。美国政府对待水利工程建设资金的主要来源是政府提供拨款和长期低息贷款，发行水利建设债券、基金、股票等。（4）科学的建设管理。美国大型水利工程建设项目分 5 个环节：前期工作、组建项目法人、招标、执行监理制和质量监督制、验收制。对工程质量、工程安全非常重视，实行的是"四项制度"，即：项目法人责任制、招标投标制、工程师管理制及合同管理制。在进行工程建设和工程管理方面的工作时，表现出了建设管理一体化、实现工程建设到工程管理的有效衔接的思想。（5）实施管养分离，开展多种经营。美国政府大力推进水利工程的管养分离，在经费落实的情况下，水利工程的兴建和维护、供水厂、发电站都可以在公平竞争的条件下，由专业公司承包经营。美国政府对大江、大河、大湖的治理和开发体现了统筹兼顾、综合开发的原则。一般都是按河流进行全面规划，将防洪、灌溉、供水、发电、航运、环保、旅游等统一考虑，注重水资源的综合效益，以盈补亏。（6）公众积极参与。美国流域内的水利工程建设、管理、水价、水量分配、水文活动等，都通过用水户所组成的董事会来决定，再由水利管理部门实施。董事会的成员是人民直接选举产生的，人民可以改选董事会的董事，所以最终董事会代表人民的利益。人民（使用者）—董事会—主任及管理人员—使用者（人民），这样一个简单循环的关系，加强了互相监督、互相制约、互相促进的关系，有利于促进管理工作。（7）全面实施现代化。美国的工程管理技术和手段相当先进。水库防洪调度、大坝变形和应力观测、闸门控制、渠道水位量测等均采用遥控、遥感等自动化监测设备和手段。特别是水库防洪调度，充分利用卫星定位系统（GPS）、地理信息系统（GIS）、遥感遥测系统（RS－M）、互联网等高新技术进行调度决策，实行资源共享，提高优化调度的准确性、及时性与可靠性。美国的水利工程建设和管理普遍采用了现代化的手段，科技含量较高，节省了大量的人力、物力。（8）规范水资源使用。美国实行水资源使用许可制度，各州自行管辖，但制度略有不同，大体可分为三种形式，即河岸水资源使用权、优先占用水资源使用权和同时采用以上两种形式的混合制度。

1.5.2　日本

日本水利工程建设与管理的先进性主要表现在以下七个方面：（1）重视水环境保护。日本非常重视水环境的保护，从水源地开始，对水质、生态和水面全方位地进行保护。（2）健全的法制体系。日本水法规体系的核心是《河川法》，它的全面推行，对推进日本各项水利事业的顺利进行，起到了重大作用。由于日本有健全的水利法制体系，有效地协调了政府各个管水部门职能的充分发挥，促进了水利事业与国民经济的协调发展。（3）完善的管理制度。日本对河流实行分级管理，政府负责对跨行政区、多功能、规模较大的骨干建设项目的确立和审批，在规划设计、资金筹措，招标、施工、管理等方面则委托水资源开发公团代表国家去实施。工程建设做到了有计划、有秩序、有效益，且每一个步骤都有一套严格的程序。（4）扎实的前期工作。日本水利工程项目在实施之前，必须按照有关法规拟定项目计划，以便由此来了解其是否符合实际，是否值得实施。（5）水利投资多元化。日本将水利作为国家重要的公益性事业，实行以国家投入为主，都道府县、市町村、事业公团及受益者多头分担的多元化投入体系。国家是水利投入的主体，治水防洪工程，国家投入占70%，都道府县等地方政府负担30%；国营灌溉排水工程，国家负担77%，都道府县负担17%，市町村负担6%；都道府县的灌溉排水，国家负担50%，就连一些农业协作的集体组织进行的灌溉工程，国家投资也达45%。（6）公众积极参与。日本建立农民参与水利工程建设和管理的组织，调动农民用水管水的积极性。日本的土地改良区是土地拥有者全体同意和当地农民2/3以上成员同意后成立的，既是负责改良土地、整治和开发农业生产的组织，又是管理维护水利工程的组织。实践表明，这样的管理形式有利于水利事业的蓬勃发展。（7）全面实施现代化。日本水利工程管理单位对水利工程采用遥测、遥控、计算机自动控制，屏幕监测追踪，数据储存等手段，有的已达到按水系或水库群联合运行，在中心事务所集中控制，自动化程度高，准确及时，反映出了很高的科学管理水平。

从以上可以看出，美国、日本等国家都非常重视水利工程管理，形成了一些现代化的管理体制，很多方面值得我们去借鉴学习。主要有：

（1）在水利工程的建设、运行、管理中很重视环保，全民的环保理念强；

（2）注重工程前期工作，全面规划，采取最优方案，工程建设高标准，并注重工程质量；

（3）注重工程现代化配套设施建设，主体工程与附属工程并重、建管并重；

（4）注重法制建设、依法管理，管水用水以法律为基础，以法律为保证；

（5）水利工程事权划分明确，管理体制明确，资金渠道稳定；

（6）对水资源进行综合开发，实行多种经营，实现自身的良性运行；

（7）工程运行中，自动化、现代化水平比较高，提高了工作效率；

（8）在工程管理中，社会公众参与程度比较高，用水户既是消费者，又是管理者，使水利工程真正服务于人民。

1.6　主要研究内容

紧密结合水利工程管理体制改革和水利工程管理实践，围绕推进水利工程管理现代化开展研究工作。主要研究内容如下：

——对水利工程管理现状与存在问题进行分析；

——水利工程管理现代化内涵；

——水利工程管理现代化的目标与内容；

——水利工程管理现代化评价指标体系；

——推进水利工程管理现代化的对策措施。

在广泛调研的基础上，总结和吸收国内外水利工程管理的先进经验和成果，界定了水利工程管理现代化内涵；紧密结合我国水管体制改革和水利工程管理实际，分析确定了水利工程管理现代化建设目标、建设内容和评价指标体系构建原则；建立了适用于大中型水利工程管理现代化进展评价、评价对象是水利工程管理单位的指标体系；构建了对水利工程管理现代化建设水平和效果评析分二级进行、再分层级综合评价的方法。

具体内容分述如下：

（1）全面探讨分析我国水利工程管理现代化的内涵及评价指标体系；

（2）通过调研（共发出567份调查表，收集完整有效调查表305份，同时根据工程类型、区域位置、代表性等方面选择12家水利工程管理单位进行实地调研），分析总结其先进的管理理念与管理方法，并归纳总结尚需改进的问题；

（3）根据我国2020年全面建成小康社会和2050年基本实现现代化的总体目标及我国国情，分析确定水利工程管理现代化的目标、内容及评价指标体系构建原则；

（4）全面、完整地构建了适用于大中型水利工程管理现代化进展评价，评价对象是水利工程管理单位的水利工程管理现代化评价指标体系。该指标体系包含管理体制、管理制度、管理手段、管理人才、发挥水利工程社会经济生态效益等诸多方面，既体现管理水平又反映管理效果；

（5）根据水利工程管理现代化评价的特点，对水利工程管理现代化建设水平和效果评析分二级进行，再分层级综合评价。其中，定性指标按五个等级"优秀""良好""一般""合格""不合格"评价，定量指标按"定量指标现状值/目标水平值"确定其具体的考核值。并将水利工程管理现代化建设进程划分为初步实现、基本实现和实现三个阶段，分别确定三个阶段的评价标准；

（6）典型水利工程管理现代化进展实例分析评价：运用评价指标体系，分别对堤防、水库、水闸、泵站、灌区五类工程的典型工程管理现代化建设进展作分析、评价；

（7）针对水利工程管理实际，提出未来水利工程管理的对策与措施。

第 2 章　水利工程管理现代化的内涵与基本特征

水利工程管理现代化作为实现水利现代化的重要保障，其自身也具有深刻的内涵和特征，只有在理解这些内涵和特征的基础上，我们才能采取具体的方法和措施来加强这方面的建设，实现水利工程管理现代化的目的。

2.1　水利工程管理现代化的内涵

2.1.1　现代化概述

现代化常被用来描述现代发生的社会和文化变迁的现象。一般而言，现代化包括了学术知识上的科学化，政治上的民主化，经济上的工业化，社会生活上的城市化，思想领域的自由化和民主化，文化上的人性化等。

现代化是人类文明的一种深刻变化，是文明要素的创新、选择、传播和退出交替进行的过程，是追赶、达到和保持世界先进水平的国际竞争。现代化是一个动态的发展过程，指传统经济社会向现代经济社会的转变，它包括了经济领域的工业化、国际化，政治领域的民主化，社会领域的城市化，价值观念的理性化，科学领域的充分进步以及理论实践的不断创新，等等。其重要特征是生产力不断提高，经济持续增长，社会不断进步，人民生活不断改善，经济社会结构和生产关系随着生产力的发展需要不断改变和创新。其重要特点是，经济社会中充分体现了以工业化、国际化、智能化、信息化、知识化为动力，推动传统农业文明向工业文明、工业文明向知识文明的全球大转变，具有广泛的世界性和鲜明的时代性，并呈现加速发展的趋势。

现代化作为一个概念，既是一个时间概念，也是一个动态变化的概念；作为一个过程，既有时间特征，也有变化的特征；作为基本内涵，既有传统性的合理继承和发展，又有现代先进性和合理性的特质。需要从时间和变化的含义与特征中把握，才能理解现代化是社会状态在现代的变化或社会向现代状态的变化。

《中国现代化报告 2001》根据"第二次现代化理论"，把世界现代化进程划分为第一次现代化和第二次现代化两个阶段。第一次现代化（经典现代化），是指从农业时代向工业时代、农业经济向工业经济、农业社会向工业社会、农业文明向工业文明的转变过程。对发达国家而言，第一次现代化的大致时间是 1763—1970 年；发展中国家迄今还没有实现第一次现代化。第二次现代化（新现代化），是指从工业时代向知识时代、工业经济向知识经济、工业社会向知识社会、工业文明向知识文明的转变过程。对发达国家而言，第二次现代化的大致时间是 1971—2100 年；发展中国家，不得不同时面对第一次现代化和第二次现代化的挑战。第二次现代化不是文明进程的终结，将来还有第三次、第四次和第五次现代化等。

2.1.2　水利现代化

水利现代化的问题，首先是美国、日本等一些经济发达国家，在 20 世纪经济发展到一定水平后提出并不断发展的。发达国家的水利建设在 20 世纪大体经历了三个阶段：第一个阶段是 20 世纪 70 年代中期以前，治水思想基本上以大规模开发利用水资源、增大水资源开发利用的数量来满足国民经济增长的需要。主要表现为水利工程建设规模与经济增长基本上呈同步发展趋势，水库数量、库容量、各类水利工程取水量大幅度增长，主要河流流域开发和综合利用达到较高、甚至很高的程度，水利工程体系逐渐完善。第二个阶段是 20 世纪 70 年代中期到 80 年代，这个时期水资源开发速度减慢，治水思想逐步由以水资源开发为主转向以水资源管理为主，逐步认识到包括水资源在内的自然资源过度开发、浪费、环境污染日益严重将影响人类的生存和经济发展，从而通过制定法律法规、健全机构等措施，对环境污染进行全面治理，开始加强水资源的节约、保护和管理。第三个阶段是 20 世纪 90 年代以来，这个时期"人与水共处""人口、资源、经济与环境协调发展""可持续发展战略"等认识不断深化，加强水资源的节约、保护、优化配置和环境保护、恢复良好生态成为发达国家治水工作的主题。经过长时间的建设，从 20 世纪 90 年代以来，发达国家在完善水利工程建设的基础上，不断结合管理、科学技术和信息化等方面的现代化社会变革，开始把水利现代化作为国家现代化的重要组成部分并加速其实现过程。

我国提出和实现水利现代化，是在近期内，期间也经过了一个漫长的过程，其融入不同时期国家经济社会现代化的建设目标任务中。特别是 1974 年，国家提出了工业、农业、国防与科学技术"四个现代化"建设目标，水利被界定在农业的范围内，农业现代化包含了水利现代化。党的十一届三中全会后，我国实行改革开放的政策，加之随着社会主义市场经济体制的逐步确立，经济发展出现了前所未有的好势头，经济实力大为增强，整体国力显著提高。1998 年《中共中央关于农业和农村工作若干重大问题的决定》和 2001 年《国民经济和社会发展第十个五年计划纲要》指出"有条件的地方要率先实现现代化"。在此宏观背景下，水利现代化建设就具备了经济基础和发展机遇，其必要性和迫切性也进一步突出，水利部适时将这一重大课题正式提上议事日程。2001 年水利部《关于印发经济发达地区农村水利现代化工作指导意见的通知》，明确其主要任务是：农村防洪除涝、灌溉供水达到规范要求的标准，增强抗御自然灾害的能力，建成布局合理、设施配套齐全、功能完备的农村水利基础设施；建立为农业生产和农村经济社会发展服务的农村水利管理体系，促进农业现代化目标的实现。

认真贯彻落实新时期治水新思路，努力实现从传统水利向现代水利、可持续发展水利转变，坚持人和自然的协调与和谐，以水资源的可持续利用支持经济社会的可持续发展，保障用水安全、防洪安全、粮食安全和生态系统安全。因此，在传统水利的基础上建设现代水利，实现可持续发展水利，成为 21 世纪初期我国水利建设的首要任务。2011 年为贯彻落实中央关于加快水利改革发展的战略部署，水利部下发《关于开展推进水利现代化试点工作的通知》，出台《推进水利现代化试点工作的指导意见》，对新时期水利发展做出了全面部署。全国各地特别是东部经济发达地区积极开展了水利现代化建设的探索，积累了宝贵的实践经验，有力地推动了我国水利现代化的建设进程。

2.1.3 水利工程管理现代化

水利工程管理现代化包括管理体制的现代化、管理技术的现代化、管理人才的现代化。管理技术的现代化依赖于水管理的信息化、自动化，充分利用现代信息技术，深入开发和广泛利用水利信息资源，包括水利信息的采集、传输、存储、处理和服务，全面提升水利事业活动的效率和效能以及发展地理信息系统、遥感、卫星通信和计算机网络等高新技术及应用，水管理与水信息的现代化作为水利现代化的重要内容，是实现水利工程科学管理、高效利用和有效保护的基础和前提。同时管理技术的现代化除了要求水利管理中优先采用现代科学管理技术，使水利行业发挥最大的效益外，十分重视体制与人力资源的开发。水利管理人员要具有现代的观念、知识，掌握水利管理科学技术。在管理体制和机制上采取政府宏观调控、公众参与、民主协商、市场调节的方式，强调综合管理。

水利工程管理是通过检查观测、维修养护、加固改造、科学调度、控制运用水行政管理等行为，来维持工程的安全与完好，保障工程正常运行和功能、效益的充分发挥。所以，水利工程管理现代化的内涵可概括为：适应水利现代化的要求，创建先进、科学的水利工程管理体系，包括：具有高标准的水利工程设施设备，拥有先进的调度监控手段，建立适应市场经济体制的良性运行的管理模式，规范化的行业管理和科学的涉河事务管理与公共服务的制度体系以及建设具备现代思想意识、现代技术水平的管理队伍。也就是说，要建立水利工程管理现代化，就要建立管理理念的现代化、管理体制与机制的现代化、水利工程设施设备的现代化（工程达到标准程度，工程设施设备完好情况等）、工程管理控制运用手段的现代化、人才队伍的现代化等。实现水利工程管理现代化是适应经济社会现代化和水利现代化的客观需要，建立现代的科学的水利工程管理体系是一个系统的、动态的过程，需要不断进行制度创新。

2.2 水利工程管理现代化的基本特征

我国作为农业大国、资源大国，近年来经济社会稳中有进、进中向好，但因底子较薄，与发达国家仍有明显差距；我国水利工程密布，初步建成了集防洪、排涝、灌溉、航运、发电、城乡供水、水土保持、水生态保护于一体的水利工程体系。我国的国情和水情，决定了水利工程建设与管理在全国经济社会发展中的基础地位和支撑作用，但"重建轻管问题未根本扭转，管理体制改革亟待深化，科技与管理对水利发展的贡献率不高，管护力量薄弱、手段落后，维修养护与运行管理经费缺口较大"等问题极大地制约了水利事业发展。为适应社会发展并符合现代化要求，水利工程管理现代化应具备以

下"五大基本特征":

1. 水利工程管理体制现代化

建立职能清晰、权责明确的水利工程分级管理体制,实行水利工程统一管理与分级管理相结合的方式,在界定责任主体的前提下明确各类水利工程的管理单位职能。加大水利工程管理单位内部改革力度,建立精干高效的管理模式。核定管养经费,实行管养分离,定岗定编,竞聘上岗,逐步建立管理科学、运行规范、与市场经济相适应,符合水利行业特点和发展规律的新型管理体制和运行机制,更好地保障公益性水利工程长期安全可靠地运行。

2. 水利工程管理制度化、规范化和法制化

建立、健全并不断完善各项管理规章制度。做到工程管理有章可循、有规可依。

规范工程维修养护管理。建立健全相关规章制度,制定适合维修养护实际的管理办法。用制度和办法约束、规范维修养护行为。建立规范的资金投入、使用、管理与监督机制。完善水利工程管理公共财政保障机制和社会资金的筹措机制,规范维修养护经费的使用。

水利工程运行管理规范化、科学化。要实现水利工程管理现代化,水利工程管理就必须实现规范化和科学化,如:水库工程须制定调度方案、调度规程和调度制度,调度原则及调度权限应清晰,同时建立年度计划执行总结制度。水闸、泵站制定控制运用计划或调度方案,并按照操作规程运行。

3. 完好的水利工程管理基础设施

具有安全可靠的防洪减灾能力,是水利工程管理现代化的基本保障。要建立安全可靠的防洪减灾体系,到 2020 年,所有大中型水库、水闸、堤防、泵站、灌区均要达到规范设计标准;其次,保证水利工程管理设施配套完好,按照水利工程管理相关设计规范,在工程建设或加固时,配备完善各类水利工程管理设施,保证现代化管理需要。

4. 水利工程管理手段现代化与信息化

加强水利工程管理信息化基础设施建设,以信息化带动现代化,提高水利工程管理的科技含量和管理效益,是水利工程管理发展的必由之路。

依靠科技进步,通过应用相应的现代化信息技术,不断加大水利工程管理的科技含量,全面提升现代化管理水平,符合信息化、自动化的现代化管理要求。

5. 适应工程管理现代化要求的水利工程管理队伍

实现水利工程管理现代化，人才是关键。水利管理要求实现从传统水利向现代水利、可持续发展水利转变，需要打造出一支素质高、结构合理、适应工程管理现代化要求的水利工程管理队伍。制定人才培养机制及科技创新激励机制，加大培训力度，大力培养和引进既掌握技术又懂管理的复合型人才。采取多种形式，培养一批能够掌握信息系统开发技术、精通信息系统管理、熟悉水利工程专业知识的多层次、高素质的信息化建设人才队伍。

第 3 章　水利工程管理现代化目标和内容

3.1　指导思想与基本原则

3.1.1　指导思想

按照我国 2020 年全面建成小康社会和 2050 年基本实现现代化的总体目标，以科学发展观为指导，全面贯彻中央新时期水利工作方针，服从和服务于国家经济社会发展全局，坚持人与自然和谐，坚持经济社会与人口、资源、环境的协调发展，促进生态文明建设，依法治水和科学治水，改革与完善水资源管理体制，深化水利建设与管理体制改革，实现长效管理和水资源可持续利用，全面推进水利工程管理现代化进程。

3.1.2　基本原则

1. 与我国社会主义现代化战略相协调，适度超前

水利是国民经济和社会发展的基础和保障，水利现代化是我国社会主义现代化的重要组成部分。水利现代化建设，是为了满足经济社会的现代化对水利的需求。随着经济不断发展和社会生产力水平的不断提高，人们对防洪保安、水资源供给、水环境保护等的需求也是在不断发展、变化。因此，作为水利现代化重要组成部分的水利工程管理现代化应与我国社会主义现代化的进程相协调，适度超前发展，满足经济社会发展到不同阶段的不同要求。

2. 因地制宜，因时制宜，东西南北中总揽，省、市、县兼顾，城乡统筹

我国地区间自然条件、经济社会发展水平和发展速度存在较大差异，在东、中、西部之间也已形成较大差距，各地区对水利现代化的发展需求、目

标和任务以及可以提供的保障条件不尽相同。因此，在推进水利工程管理现代化进程中，要因地制宜，东中西协调，南北总揽，城乡统筹，流域与区域统筹，根据需要与可能，确定本地区水利工程管理现代化建设阶段性的重点领域和主要任务，为全面建设小康社会和基本实现水利现代化创造条件。

3. 整体推进，重点突出，分步实施，加快进程

水利工程管理现代化建设涉及很多方面，既包括水利建设与生态环境保护，人与自然关系变化以及治水思路的调整，又涉及管理体制、机制和法制的完善等。因此，要统筹兼顾，依靠科技进步，整体推进水利工程管理现代化水平；同时，又要合理配置人力、物力资源，突出重点领域和关键问题，抓住主要矛盾，集中力量，力争短时期在重点领域有所突破。

4. 深化改革，注入活力，开创新局面，加快发展

2011 年中央一号文件中指出：水是生命之源、生产之要、生态之基。兴水利、除水害，事关人类生存、经济发展、社会进步，历来是治国安邦的大事。促进经济长期平稳较快发展和社会和谐稳定，夺取全面建设小康社会新胜利，必须下决心加快水利发展，切实增强水利支撑保障能力，实现水资源可持续利用。水利面临着难得的发展机遇，中央和各级人民政府高度重视水利工作，水利投入大幅度增加，全社会水忧患意识普遍增强，为推进水利工程管理现代化提供了契机。在工程管理改革上，区别不同工程的功能和类型，建立与社会主义市场经济相适应的管理体制、运行机制，水利工程经营性项目全面推向市场，并形成水利社会化经营服务格局。

3.2　水利工程管理现代化的目标与分区推进构想

3.2.1　水利工程管理现代化目标

作为体现水利现代化水平重要方面的水利工程管理，必须加大改革和创新力度，以现代的治水理念、先进的科学技术、完善的基础设施、科学的管理制度，武装和改造传统水利，努力实现工程管理的制度化、规范化、科学化、法制化，创建现代化的水利工程管理体系。确保水利工程设施完好，保证水利工程实现各项功能，长期安全运行，持续并充分发挥效益。

（1）改革和创新水利工程管理模式，实现计划经济体制下的传统管理模式向现代化管理模式转变，努力构筑适应社会主义市场经济要求、符合水利工程管理特点和发展规律的水利工程管理体制和运行机制，以实现水利工程管理的良性运行。

（2）实施标准化、精细化管理，认真贯彻落实《水利工程管理考核办法》，通过对水利工程管理单位全面系统地考核，促进管理法规与技术标准的贯彻落实，强化组织管理、运行管理和经济管理，以提高规范化管理的水平。

（3）依靠科技进步，不断提升水利工程管理的科技含量，全面提升现代化管理水平。

（4）保障水利工程安全运行，最大限度地保持工程设计能力、延长工程使用寿命、发挥工程综合功能效益，提供全面良好的优质水事服务，为经济社会可持续发展提供水安全、水资源、水环境支撑的保障。

（5）强化公共服务、社会管理职能，进一步加强河湖工程与资源管理以及工程管理范围内的涉水事务管理，维护河湖水系的引排调蓄能力，充分发挥河湖水系的水安全、水资源、水环境功能，并为水生态修复创造条件。

3.2.2　分区推进构想

水利工程管理的现代化进程应科学规划，分步实施，按照工作步骤，制订周密的工作计划，完善工作程序，规范工作制度，有计划、有步骤地推进实施。全国各地经济发展不平衡，东西南北中区域间的发展差异较大。因此，现代水利的发展不能一哄而上，也不可能一蹴而就，只能结合各地实际，走不同的发展路子，创造条件，分步实施。沿海、沿江地区，鉴于改革开放程度高，经济发展比较快，有些地方已经初步实现了管理现代化，水利工程管理现代化的发展可以快一点；中、西、北部地区目前相对来说属于经济欠发达地区，要求尽快实现水利管理现代化是不现实的，但是，一定要高起点规划，特别是要把工程标准、管理设施做得好一些。

各省、市、县都应选择不同类型的典型，按照"积极稳妥、先易后难、先点后面"的原则，开展试点工作，为全面推进改革积累经验。对试点中出现的新情况、新问题，及时研究、及时处理，对试点中发现的好经验、好做法，及时宣传、及时推广。要坚持一切从实际出发的原则，既要大胆借鉴事业单位和国有企业改革的成功经验，又要立足于水利行业和本单位的实际，根据各水利工程管理单位所承担的任务和人员、资产的现状，实行分类指导。

既要重视国内外先进水利管理理论和实践经验的学习借鉴，又要注重总结推广基层单位在水利管理实践中涌现出来的改革创新的典型经验，以点带面、点面结合、积极稳妥、扎扎实实地推进水利管理与改革，不断加快水利管理现代化进程。

我国基本实现水利工程管理现代化，在实施步骤上分为三步。第一步，到 2018 年，经济发达地区在全国率先初步实现水利工程管理现代化；水利系统内部有条件的专业领域或运行系统基本实现现代化，如防汛指挥、流域供水调度等。第二步，到 2020 年，全国初步实现水利工程管理现代化；全国经济发达、水利条件较好的地区基本实现水利工程管理现代化。第三步，到 2030 年，实现水利工程管理现代化，经济发达地区形成更为全面、完善的水利现代化系统，为社会经济现代化提供功能比较完备的水利保障。

3.3　水利工程管理理念现代化

按照科学发展观的要求，在水利建设与管理工作中应自觉树立以下几种意识。

1. 以人为本的意识

优质的工程建设和良好运行管理的根本目的是为了人民群众的切身利益，为人民提供可靠的防洪保障和水资源保障，保证江河资源开发利用不会损害流域内的社会公共利益。

2. 公共安全的意识

水利工程公益性功能突出，与社会公共安全密切相关。要把切实保障人民群众生命安全作为首要目标，重点解决关系人民群众切身利益的工程建设质量和工程运行安全问题。

3. 公平公正的意识

公平公正是和谐社会的基本要求，也是水利工程建设管理的基本要求。在市场监管、招标投标、稽查检查、行政执法等方面，要坚持公平公正的原则，保证水利建筑市场规范有序。

4. 环境保护的意识

人与自然和谐相处是构建和谐社会的重要内容，要高度重视水利建设与运行中的生态和环境问题，水利工程管理工作要高度关注经济效益、社会效益、生态效益的协调发挥。

3.4　水利工程管理体制机制现代化

水利工程管理体制改革的实质是理顺管理体制，建立良性管理运行机制，实现对水利工程的有效管理，使水利工程更好地担负起维护公众利益、为社会提供基本公共服务的责任。

1. 建立职能清晰、权责明确的水利工程管理体制

准确界定水利工程管理单位性质，合理划分其公益性职能及经营性职能。承担公益性工程管理的水利工程管理单位，其管理职责要清晰、切实到位；同时要纳入公共财政支付，保证经费渠道畅通。

2. 建立管理科学、运行规范的水利工程管理单位运行机制

加大水利工程管理单位内部改革力度，建立精干高效的管理模式。核定管养经费，实行管养分离，定岗定编，竞聘上岗，逐步建立管理科学，运行规范，与市场经济相适应，符合水利行业特点和发展规律的新型管理体制和运行机制。更好地保障公益性水利工程长期安全可靠的运行。

3. 建立市场化、专业化和社会化的水利工程维修养护体系

在水利工程管理单位的具体改革中，稳步推进水利工程管养分离。具体步骤分三步：第一步，在水利工程管理单位内部实行管理与维修养护人员以及经费分离，工程维修养护业务从所属单位剥离出来，维修养护人员的工资逐步过渡到按维修养护工作量和定额标准计算；第二步，将维修养护部门与水利工程管理单位分离，但仍以承担原单位的养护任务为主；第三步，将工程维修养护业务从水利工程管理单位剥离出来，通过适当的采购方式择优确定维修养护企业，水利工程维修养护走上社会化、规范化、标准化和专业化的道路。对管理运行人员全部落实岗位责任制，实行目标管理。

3.5　水利工程管理手段现代化

3.5.1　水利工程自动化监控与信息化

制订水利工程管理信息化发展规划和实施计划。积极探索管理创新，引

进、推广和使用管理新技术，引进、研究和开发先进管理设施，改善管理手段，提升管理工作科技含量，推进管理现代化、信息化建设，提高水利工程管理水平。

1. 推进水利工程管理信息化

依托信息化重点工程，加强水利工程管理信息化基础设施建设，包括信息采集与工程监控、通信与网络、数据库存储与服务等基础设施建设，全面提高水利工程管理工作的科技含量和管理水平。

建立大型水利枢纽信息自动采集体系。采集要素覆盖实时雨水情、工情、旱情等，其信息的要素类型、时效性应满足防汛抗旱管理、水资源管理、水利工程运行管理、水土保持监测管理的实际需要。

建立水利工程监控系统。建立水利工程监控系统，以提升水利工程运行管理的现代化水平，充分发挥水利工程的作用。

建立信息通信与网络设施体系。在信息化重点工程的推动下，建立和完善信息通信与网络设施体系。

建立信息存储与服务体系。提供信息服务的数据库，信息内容应覆盖实时雨水情、历史水文数据、水利工程基本信息、社会经济数据、水利空间数据、水资源数据、水利工程管理有关法规、规章和技术标准数据、水政监察执法管理基本信息等方面。

建立比较完善的信息化标准体系；提高信息资源采集、存储和整合的能力；提高应用信息化手段向公众提供服务的水平；大力推进信息资源的利用与共享；加强信息系统运行维护管理，定期检查，实时维护；建立、健全水利工程管理信息化的运行维护保障机制。

在病险水库除险加固和堤防工程整治时，要将工程管理信息化纳入建设内容，列入工程概算。对于新的基建项目，要根据工程的性质和规模，确定信息化建设的任务和方案，做到同时设计，同期实施，同步运行。

2. 建立遥测与视频图像监视系统

对河道工程，建立遥测与视频图像监视系统。可实时"遥视"河道、水库的水位、雨势、风势及水利工程的运行情况，网络化采集、传输、处理水情数据及现场视频图像，为防汛决策及时提供信息支撑。有条件时，建立移动水利通信系统。对大中型水库工程，建立大坝安全监测系统，用于大坝安全因子的自动观测、采集和分析计算，并对大坝异常状态进行报警。

3. 建立水利枢纽及闸站自动化监控系统

建立水利枢纽及闸站自动化监控系统，对全枢纽的机电设备、泵站机组、水闸船闸启闭机、水文数据及水工建筑物进行实时监测、数据采集、控制和管理。运行操作人员通过计算机网络实时监视水利工程的运行状况，包括闸站上下游水位、闸门开度、泵站开启状况、闸站电机工作状态、监控设备的工作状态等信息，并且可依靠遥控命令信号控制闸站闸门的启闭。为确保遥控系统安全可靠，采用光纤信道，光纤以太网络将所有监测数据传输到控制中心的服务器上，通过相应系统对各种运行数据进行统计和分析，为工程调度提供及时准确的实时信息支撑。

4. 建立水情预报和水利工程运行调度系统

建立洪水预报模型和防洪调度自动化系统。该系统对各测站的水位、流量、雨量等洪水要素实行自动采集、处理并进行分析计算，按照给定的模型做出洪水预报和防洪调度方案。

建立供水调度自动化系统。该系统对供水工程设施（水库蓄泄建筑物、引水枢纽、抽水泵站等）和水源进行自动测量、计算和调节、控制，一般设有监控中心站和端站。监控中心站可以观测远方和各个端站的闸门开启状况、上下游水位，并可按照计划自动调节控制闸门启闭和开度。

3.5.2　水利工程维修养护的专业化、市场化

水管体制改革，实施管养分离后，建立健全相关的规章制度，制定适合维修养护实际的管理办法，用制度和办法约束、规范维修养护行为，严格资金的使用与管理，实现维修养护工作的规范化管理。

1. 规范维修养护实施

依据有关法规、规范、标准、实施方案、维修养护合同等进行维修养护工作，严格按照合同要求完成维修养护任务，确保维修养护项目的进度和质量，水利工程管理单位要合理确定维修养护内容，安排维修养护项目，主持项目的阶段验收、完工验收和初步验收，及时申请竣工验收，对维修养护项目质量负全责。

2. 规范维修养护项目合同管理

水利工程维修养护项目分日常维修养护和专项维修养护，日常维修养护合同根据工程类别及管理单位实际情况进行定期或不定期签订，专项维修养护合同根据项目情况签订。合同签订时，水利工程管理单位和维修养护企业

要严格按照正规的维修养护合同文本进行，双方商讨并同意后签订维修养护合同，作为维修养护项目实施的依据。维修养护企业要严格按照合同规定履行维修养护职责，行使维修养护权力，按照合同约定的工期完成维修养护任务。水利工程管理单位及时对合同的执行情况进行检查、督促，及时掌握维修养护项目的实施情况。维修养护项目竣工验收后，及时对合同的执行情况、合同存在的问题进行总结，为今后合同的签订奠定基础，使维修养护合同更加规范、完善。

3. 规范维修养护项目实施

项目实施过程中，维修养护企业应加强现场管理，牢固树立质量意识，严格控制项目质量，完善项目实施程序及质量管理措施，认真落实质量检查制度，及时填写原始资料，真实反映项目实施的实际情况。水利工程管理单位对实施情况及时抽查，发现问题，及时责令维修养护企业加以整改，确保维修养护项目质量。主管单位适时进行检查、督促，促进维修养护项目的顺利实施。

4. 规范维修养护项目验收和结算手续

根据维修养护合同规定，工程价款一般按月结算，为此，工程价款结算前应对维修养护项目进行月验收，并出具验收签证，签证内容包括本月完成的维修养护项目工程量、质量及维修养护工作遗留问题，验收签证作为工程价款月支付的依据。季验收在月验收的基础上进行，主要对项目每季度完成情况和存在的问题进行检查；年度验收是对维修养护项目本年度的完成情况进行检查，查看项目实施过程中存在的问题，对维修养护项目的总体实施情况进行验收，为维修养护项目的结算和移交提供依据。

维修养护项目验收后，及时办理项目结算，对照维修养护合同进行审核，未验收或验收不合格的项目不予结算工程款。合同变更部分要有完备的变更手续，手续不全或尚未验收的项目，不进行价款结算。规范结算手续，确保维修养护经费的安全和合理使用。

5. 建立质量管理体系和完善质量管理措施

实行水利工程管理单位负责、监理单位控制、维修养护企业保证的质量管理体系。维修养护企业应建立健全质量保证体系，制定维修养护检测、检查、人员管理、结算等一系列规章制度，规范企业的行为，并采取有力措施，使之能够按照有关规范、规定和维修养护合同完成维修养护任务，确保维修养护质量。监理单位应建立健全质量控制体系，按照监理合同和维修养护合同要求，搞好项目质量抽查，控制项目的进度、质量、投资和安全，及时发现和处理项目实施过程中出现的问题，保证项目的顺利实施。水利工程管理单位应建立质量检查体系，制定检查、验收等管理制度和办法，成立监督、检查小组，督促维修养护企业严格按照规定和合同进行项目的实施，适时组织由项目建设各方参加的联合检查，发现问题，责令维修养护企业整改。项目建设各方相互协调、相互配合、相互监督，共同促进维修养护项目的顺利实施。

3.5.3　水利工程管理制度化、规范化与法制化

1. 建立、健全各项规章制度

基层水利工程管理单位应建立、健全各项规章制度，包括人事劳动制度、学习培训制度、岗位责任制度、请示报告制度、检查报告制度、事故处理报告制度、工作总结制度、工作大事记制度、安全管理制度、档案管理制度等，使工程管理有规可依、有章可循。制度建立后，关键在于狠抓落实，只有这样，才能全面提高管理水平，确保工程的安全运行，发挥效益。

水利工程管理单位应按照档案主管部门的要求建有综合档案室，设施配套齐全，管理制度完备，档案分文书、工程技术、财务等三部分，由经档案部门专业培训合格的专职档案员负责档案的收集、整编、使用服务等综合管理工作。档案资料收集齐全，翔实可靠，分类清楚，排列有序，有严格的存档、查阅、保密等相关管理制度，通过档案规范化管理验收。

同时，抓好各项管理制度的落实工作，真正做到有章可循，规范有序。

2. 建立严格的工程检查、观测工作制度

水利工程管理单位应制定详细的工程检查与观测制度，并随时根据上级要求结合单位实际修订完善。工程检查工作，可分为经常检查、定期检查、特别检查和安全鉴定。经常对建筑物各部位、设施和管理范围内的河道、堤防、拦河坝等进行检查。检查周期，每月不得少于一次。每年汛前、汛后或用水期前后，对水闸（水库、泵站、河道）各部位及各项设施进行全面检查。当水闸（水库、泵站、河道）遭受特大洪水、风暴潮、台风、强烈地震等和发生重大工程事故时，必须及时对工程进行特别检查。按照安全鉴定规定开展安全鉴定工作，鉴定成果用于指导水闸（水库、泵站、河道）的安全运行和除险加固。

按要求对水工建筑物进行垂直位移、渗透及河床变形等工程观测，固定

时间、人员、仪器；观测资料整编成册；根据观测提出分析成果报告，提出利于工程安全、运行、管理的建议；观测设施完好率达 90％以上。

要经常对水利工程进行检查，加强汛期的巡查和特殊情况下的特别检查，发现问题及时解决，并做好检查记录。

3. 推进水利工程运行管理规范化、科学化

水库工程制定调度方案、调度规程和调度制度，调度原则及调度权限应清晰；每年制订兴利调度运用计划并经主管部门批准；建立对执行计划进行年度总结的工作制度。水闸、泵站制订控制运行计划或调度方案；应按水闸、泵站控制运用计划或上级主管部门的指令组织实施；按照泵站操作规程运行。河道（网、闸、站）工程管理机构制定供水计划；防洪、排涝实现联网调度。

通过科学调度实现工程应有效益，是水利工程管理的一项重要内容。要把汛期调度与全年调度相结合，区域调度与流域调度相结合，洪水调度与资源调度相结合，水量调度与水质调度相结合，使调度在更长的时间、更大的空间、更多的要素、更高的目标上拓展，实现洪水资源化，实现对洪水、水资源和生态的有效调控，充分发挥工程应有作用和效益，确保防洪安全、供水安全、生态安全。

3.5.4 做好社会管理工作，建立社会公众参与管理制度

建立完善依法、科学、民主决策机制，确定重大决策的具体范围、事项和量化标准并向社会公开，规范行政决策程序，细化公众参与、专家论证、合法性审查的程序和规则；全面推进政务公开，规范行政权力网上公开透明运行机制，建立健全法规、规章、规范性文件的定期清理、规范性文件审查备案、边界水事纠纷的协调等制度；规范执法行为，完善执法程序、规范行政处罚自由裁量权、推行执法公开制度，落实执法经费，提高执法质量和依法行政水平；推动水政监察信息化建设，严格查处各类水事违法行为，提高规费征收率，定期开展专项执法活动，完善水事矛盾纠纷预防调处机制，维护良好的社会水事秩序。

为提升社会公众参与度，需要做到：着力发展经济，夯实公众参与基础；加强思想教育，提升公众参与意识；强化制度建设，畅通公众参与渠道；转变政府职能，拓宽公众参与空间；发展社会组织，壮大公众参与载体；推进社区自治，筑牢公众参与平台。

3.6　水利工程管理队伍现代化

制订人才培养规划；改进人才培养机制及科技创新激励机制；加大培训力度，大力培养和引进既掌握技术又懂管理的复合型人才；采取多种形式，培养一批能够掌握信息系统开发技术、精通信息系统管理、熟悉水利工程专业知识的多层次、高素质的信息化建设人才。

3.6.1　创新管理机制，激发队伍活力

建立轮岗锻炼机制。从中层领导到普通员工，都要设置不同周期、不同维度的轮岗路线，在保障中心工作正常运转的条件下，让干部职工接受更多的锻炼。在通过轮岗提高队伍综合能力的同时发现人才，让合适的人去适合的岗位工作。

建立人事管理机制。要不唯上、只唯实，突出人力资源配置中市场化调节的作用，通过建立健全科学、规范的人才招聘、选拔、考核、奖惩等闭环管理制度，建立起一套完整的动态管理机制，努力做到人尽其才、才尽其用。

3.6.2　创新培训机制，提升队伍素质

创新培训机制。实行"学分制"教育培训，根据不同岗位、不同工作年限等设置不同的学分标准，并将学分与年度考核挂钩。

丰富培训方式。开展课题研究式学习，通过问题牵引、课题主导的方式，集中力量破解突出矛盾和现实难题；开展开放式学习，通过外请辅导、联系走访等形式，不断拓宽视野、开阔思路，激发学习的能动性；开展互动式学习，通过讨论辨析、访谈对话等形式，开展头脑风暴互动交流，搭建交流学习平台；开展自学式学习，建立网络学习课堂，将培训教材及相关文件传至网络平台，由员工根据自身实际进行自主学习。

实行分层培训。在培训工作中突出"专"字，更兼顾"博"字，将培训课程分为"必修课"和"选修课"两个层次。必修课主要讲解行业方针政策、业务理论等基础知识，重点提高队伍专业水平；选修课为行业先进建设理念、发展探索成功经验以及职工个人兴趣爱好等，重点增强队伍知识储备，提升员工综合素质。

3.6.3 创新激励机制，增强队伍动力

建立层级分配体系。逐步打破用工身份限制，采取层级分配的形式解决用工形式不统一的难题。将人员细分层级，不同层级设置不同工资标准和晋升条件，根据员工现有工资情况划转至不同层级，定期根据工作表现对层级进行升降，实现员工收入的动态管理。

完善人才测评方式。既注重人才的显性绩效，又注重人才的隐性绩效，采取全方位测评方式系统考核人才。在实行日常考核与年度考核相结合、量化考核与定性考核相结合的同时，参考上级、下级、同部门与跨部门同事、服务对象等人员的综合评价，提高人才测评结果的准确性和全面性。同时，加强考核结果的运用，将测评结果与员工层级进行挂钩。

建立竞争上岗机制。对管理岗、关键岗进行公开竞争，挖掘、激发员工潜力，增强员工危机意识，营造"能者上、平者让、庸者下"的良好竞争氛围。

3.7 水文化建设

全国水利系统社会主义核心价值体系建设取得重大进展，水利职工队伍的思想道德素质和科学文化素质显著提高，水文化自觉和自信意识明显增强；政府主导、职能部门主抓、社会公众参与的水文化建设体制机制基本建立，全国各具特色的水文化特征更加彰显，与现代水利、可持续发展水利相适应的水文化发展格局基本形成；水文化研究取得新成果，水文化遗产保护和利用取得新成效，水文化产业取得新突破，水文化产品丰富多彩；水文化活动异彩纷呈，水文化队伍不断壮大，高素质水文化人才不断成长，水利行业的软实力和文化竞争力大为增强，助推了党中央、国务院确定的新的治水方针和新的治水思路。

3.7.1 精神文化建设

弘扬创新科学治水理念。围绕人水和谐主题，遵循水的自然规律和经济社会发展规律，贯彻可持续发展治水思路，拓展水利服务经济社会发展的能力。

大力弘扬"献身、负责、求实"的水利行业精神，引领广大干部职工敬业奉献，为新时期治水战略的实施贡献聪明才智、创造辉煌业绩。组织水文化创作活动。围绕打造水利品牌，确立水利标识，创作水利歌曲，编写水文化丛书，创作水利风采故事片，开展水文化理论研究，展示水利文化史的光辉与灿烂。

3.7.2　物质文化建设

通过挖掘历史文化、融汇现代文化，把水文化中的美学形态、人文理念、历史风格融入水利工程规划设计、建设和管理中，建成一批"以工程为根、以文化为魂"的水利工程精品。

对现有水利工程和河湖库的历史底蕴、人文底蕴、时代风貌进行调查、遴选，通过水利工程建设、河湖保护、水生态环境综合整治等措施，打造一批具有地方特色、水景观特点和文化独特的重点水利风景区，基本形成布局合理、特色鲜明、景观其外、人文其内的水利风景区体系，以此为载体，传承水文化，扩大全社会对水利的认知度。

3.7.3　行为文化建设

加强水文化宣传，通过举办"水文化周"或"水文化节"活动，编制并向社会发放水利知识宣传读本，强化保护生态水、饮用安全水、反对污染水的用水意识，弘扬文化兴水、安全饮水、科学治水、有效管水、节约用水、和谐亲水的行为理念。

开展水文化采风活动，组织文艺工作者、作家、学者深入水利一线，并通过其宣传推广作用，提高全社会对水利的认知水平。通过科学节水，自律和他律节水的创新实践，建立节水型水利工程，提升人们爱水、护水、节水的文化修养和文化品质。

组织水文化高层论坛，与文物部门联合拟定水物质文化遗产与非物质文化遗产的保护条例与制度，确保水利工程建设过程中的水文化遗产安全。

第4章 水利工程管理现代化评价指标体系

4.1 水利工程管理现代化评价体系基本框架

4.1.1 指标体系构建原则

反映水利工程管理现代化单项特征的指标比较多，有些指标相关性很强，有些指标虽然重要，但不易取得准确数据，为了能够客观、准确而且比较全面地反映全省水利工程管理现代化建设发展水平，在确定指标体系时遵循以下基本原则。

1. 先进性、系统性与可行性相协调的原则

评价指标体系应充分反映水利工程管理与经济社会发展相协调并适度超前的要求，体现先进性，并综合反映水利工程管理现代化建设各方面要求，同时要充分考虑实施的可行性。

2. 定量和定性相结合的原则

评价指标应尽可能量化，增强指标的科学性和可操作性，尽可能利用现有统计数据和便于收集到的数据，对于不能统计收集到数据的指标及数据模棱两可的指标暂不纳入指标体系。

3. 强制性与灵活性相结合的原则

指标体系应能灵活反映不同水利工程的管理现代化水平，根据评价指标体系重要程度，采用强制性指标与一般性指标，体现水利工程管理现代化的重要特征和一般特征。

4. 层次性与可比性相结合的原则

评价指标体系应具有层次性，能从不同方面、不同层次反映水利工程管理现代化的实际情况。评价指标体系按三级指标设立，同一级内各指标应具有可比性，达到动态可比，横向可比，以便于权重确定。

5. 代表性与全面性相结合的原则

评价指标体系应反映大中型水利工程管理特点及建设要求，既要全面、科学、系统地体现水利工程管理现代化的整体情况，又能具有一定的代表性，避免评价指标内涵的重复。

6. 可操作性和导向性相结合的原则

评价指标体系最终要能对具体工程进行评价，因此指标体系的内容应该简单易懂，所需资料应该便于评价人员收集、整理、归纳，计算过程简单明了，具备快速、方便实现评价水利工程管理水平的可操作性，同时指明已建水利工程在管理上的不足和可发展空间，为水利工程管理现代化未来发展的趋势提供思路。

4.1.2　评价指标体系的组成项目

根据以上原则，参考国内外已有水利工程管理现代化评价指标体系，结合水利工程管理现代化建设目标及水利工程管理特点与现状，确定能够反映水利工程管理现代化的五个一级指标作为准则层，并下设若干二级指标与三级指标，构成水利工程管理现代化评价"五大指标体系"，具体包括：

（1）水利工程规范化管理体系

（2）水利工程设施设备管理体系

（3）水利工程信息化管理体系

（4）水利工程调度运行及应急处理能力体系

（5）水生态环境管理体系

这五个方面的评价方法可分为两类：定性评价和定量评价。定性评价全面，但人为因素较多；定量评价客观且人为因素较少，数据来源稳定。定性评价为：（1）水利工程规范化管理体系；（2）水利工程设施设备管理体系；（3）水利工程信息化管理体系；（4）水利工程调度运行及应急处理能力体系。定量评价为：（5）水生态环境管理体系。这五大指标体系又称为一级指标体系，在各组成项目属下再分解为若干二级评价指标与三级指标。二级评价指标合计有 54 项，三级指标合计有 205 项。

4.1.3　评价指标体系中的二级指标

1. 水利工程规范化管理体系

（1）组织管理

（2）安全管理

（3）运行管理

（4）经济管理

2. 水利工程设施设备管理体系

（1）堤防工程

① 堤防断面

② 堤顶道路

③ 堤防防护工程

④ 穿堤建筑物

⑤ 生物防护工程

⑥ 排水系统

⑦ 观测设施

⑧ 管理辅助设施

（2）水库大坝

① 坝身断面

② 坝顶道路

③ 大坝防护工程

④ 生物防护工程

⑤ 排水系统

⑥ 观测设施

⑦ 管理辅助设施

（3）水闸工程（含水库泄洪闸、泄洪洞）

① 闸门

② 启闭机

③ 机电设备及防雷设施

④ 土工建筑物

⑤ 石工建筑物

⑥ 混凝土建筑物

⑦ 观测设施

（4）泵站工程

① 主机泵

② 辅机系统

③ 高低压电气设备

④ 机电设备及防雷设施

⑤ 闸门

⑥ 启闭机

⑦ 土工建筑物

⑧ 石工建筑物

⑨ 混凝土建筑物

⑩ 观测设施

（5）灌区工程——渡槽

① 土工建筑物

② 石工建筑物

③ 混凝土建筑物

（6）灌区工程——倒虹吸

① 闸门

② 石工建筑物

③ 管身建筑物

④ 零部件

3. 水利工程信息化管理体系

（1）信息基础设施

（2）水利信息资源

（3）业务应用系统

4. 水利工程调度运行及应急处理能力体系

（1）指挥决策科学化

（2）应急处置规范化

（3）防汛抢险专业化

（4）涉河事务管理

5. 水生态环境管理体系

（1）水土流失治理

（2）水质达标管理

（3）环境管理

（4）绿化管理

4.2 定性评价指标含义

4.2.1 水利工程规范化管理体系

1. 组织管理

组织管理指为了有效地配置资源，按照一定的规则构成的一种责权结构安排和人事安排，主要包括机构设置及运行机制、管理人员两方面。机构设置及运行机制方面包括：机构设置合理，管理权限明确，管理体制顺畅；运行机制灵活，建立竞争机制，实行竞聘上岗；建立合理、有效的分配激励机制。管理人员方面包括：管理机构设置和人员编制有批文；岗位设置合理，按定编标准配备人员；技术工人经培训上岗，关键岗位要持证上岗；单位有职工培训计划并按计划落实实施，职工年培训率达到30%以上。

2. 安全管理

安全管理指组织实施安全管理规划、指导、检查和决策，是保证水利工程处于最佳安全状态的根本环节，主要包括工程安全运行可靠和安全责任事故情况两方面。工程安全运行可靠包括：工程达到设计防洪（或竣工验收）标准；定期开展安全鉴定工作，鉴定成果用于指导工程的安全运行和除险加固；落实防汛抗旱和安全管理责任制；制订安全管理应急预案。安全责任事故情况包括：在设计标准情况下，未发生工程安全或其他重大安全责任事故。

3. 运行管理

运行管理指对水利工程运行过程的计划、组织、实施和控制，主要包括日常管理规范、工程养护质量、标志标牌齐全、工程观测、环境整洁美观等方面。日常管理规范包括：制定年、月及日常巡查工作计划及巡视巡查交接班制度；巡查记录规范，有处理意见，按规定期限向有关部门报送巡查报表；定期组织水法规学习培训，管理人员熟悉水法规及相关法规，做到依法管理等。工程养护质量包括：工程无缺损、无坍塌、无松动；定期开展害堤动物防治检查和防治；定期探查工程隐患等。标志标牌齐全指各类工程管理标志、标牌齐全、醒目、美观。工程观测包括：熟悉掌握工程基本情况，按要求对工程及河势进行观测；观测资料及时分析，整编成册；观测设施完好率达90%以上。环境整洁美观指管理范围内整洁美观，水面无漂物、陆域无垃圾。

4. 经济管理

经济管理主要指管理经费落实情况，具体包括：维修养护、运行管理费用来源渠道畅通，"两费"及时足额到位；有主管部门批准的年度预算计划；开支合理，严格执行财务会计制度，无违法违纪行为。

4.2.2　水利工程设施设备管理体系

1. 堤防工程

（1）堤防断面

堤身断面、护堤地（面积）保持设计或竣工验收的尺度；堤肩线直、弧圆，堤坡平顺；堤身无裂缝、冲沟、洞穴，无杂物垃圾堆放。

（2）堤顶道路

堤顶（后戗、防汛路）路面满足防汛抢险通车要求，路面完整、平坦、无坑、无明显凹陷和波状起伏。

（3）堤防防护工程

护坡、护岸、丁坝、护脚等防护工程无缺损、无坍塌、无松动。

（4）穿堤建筑物

穿堤建筑物（涵闸、溢洪道、输水洞等）金属结构及启闭设备运转灵活，混凝土无老化、破损现象，堤身与建筑物联结可靠，堤身与建筑物结合部无隐患、渗漏现象。

（5）生物防护工程

工程管理范围内的宜绿化面积绿化率达95%以上；树、草种植合理，宜植防护林的地段能形成生物防护体系；堤坡草皮整齐，无高秆杂草；堤肩草皮（有堤肩边埂的除外）每侧宽 0.5m 以上；林木缺损率小于 5%，无病虫害。

（6）排水系统

排水沟、减压井、排渗沟齐全、畅通；沟内无杂草、杂物，无堵塞、破损现象。

（7）观测设施

观测设施先进、自动化程度高，应具备的观测设施完好率达90%以上。

（8）管理辅助设施

各类工程管理标志、标牌（里程桩、禁行杆、分界牌、疫区标志牌、警示牌、险工险段及工程标牌、工程简介牌等）齐全、醒目、美观。

2. 水库工程

（1）坝身断面

坝身断面、护坝地（面积）保持设计或竣工验收的尺度；坝肩线直、弧圆，坝坡平顺；坝身无裂缝、冲沟、洞穴，无杂物垃圾堆放。

（2）坝顶道路

坝顶路面满足防汛抢险通车要求，路面完整、平坦、无坑、无明显凹陷和波状起伏。

（3）大坝防护工程

土工布、混凝土护坡、草皮护坡等防护工程无缺损、无松动。

（4）生物防护工程

指工程管理范围内的宜绿化面积绿化率达 95％以上；树、草种植合理，宜植防护林的地段能形成生物防护体系；堤坡草皮整齐，无高秆杂草；堤肩草皮（有堤肩边埝的除外）每侧宽 0.5m 以上；林木缺损率小于 5％，无病虫害。

（5）排水系统

排水沟、减压井、排渗沟齐全、畅通；沟内无杂草、杂物，无堵塞、破损现象。

（6）观测设施

观测设施先进、自动化程度高，应具备的观测设施完好率达 90％以上。

（7）管理辅助设施

指各类工程管理标志、标牌（里程桩、禁行杆、分界牌、疫区标志牌、警示牌、险工险段及工程标牌、工程简介牌等）齐全、醒目、美观。

3. 水闸工程（含水库泄洪闸、泄洪洞）

（1）闸门

闸门表面无明显锈蚀，闸门止水装置密封可靠，钢门体的承载构件无变形，运转部位的加油设施完好、畅通。

（2）启闭机

指启闭机外观完好，控制系统动作可靠；传动部位保持润滑；润滑系统注油设施可靠，开度及限位装置准确可靠。

（3）机电设备及防雷设施

各类电气设备、指示仪表、避雷设施符合规定；各类线路保持畅通，无安全隐患；备用发电机维护良好，能随时投入运行。

（4）土工建筑物

堤（坝）无雨淋沟、渗漏、裂缝、塌陷等缺陷，岸、翼墙后填土区无跌落、塌陷。

（5）石工建筑物

砌石护坡、护底无松动、塌陷等缺陷；浆砌块石墙身无渗漏、倾斜或错动，墙基无冒水冒沙现象；防冲设施（防冲槽、海漫等）无冲刷破坏；反滤设施、减压井、导渗沟、排水设施等保持畅通。

（6）混凝土建筑物

混凝土结构表面整洁，无脱壳、剥落、露筋、裂缝等现象；伸缩缝填料无流失。

（7）观测设施

观测设施先进、自动化程度高，应具备的观测设施完好率达 90％以上。

4. 泵站工程

（1）主机泵

主电机外壳保持无尘、无污、无锈；冷却系统及断流装置、励磁系统、保护装置性能稳定、工作可靠；上下油缸以及稀油水导轴承密封良好；叶片调节机构工作正常；主水泵汽蚀、振动以及主水泵轴承摆动、振动符合规定要求；泵管及进出水流道、结合面无漏水、漏气现象。

（2）辅机系统

油泵、水泵、空压机（真空破坏阀）以及辅机控制系统运行可靠；管道和阀件标识规范，密封良好；压力继电器、压力容器和各种表计等信号准确，动作可靠。

（3）高低压电气设备

高低压电气设备标识清楚，外部清洁，运行安全可靠。

（4）机电设备及防雷设施

各类电气设备、指示仪表、避雷设施符合规定；各类线路保持畅通，无安全隐患；备用发电机维护良好，能随时投入运行。

（5）闸门

闸门表面无明显锈蚀，闸门止水装置密封可靠，钢门体的承载构件无变形，运转部位的加油设施完好、畅通。

（6）启闭机

启闭机外观完好，控制系统动作可靠；传动件传动部位保持润滑；润滑系统注油设施可靠，开高及限位装置准确可靠。

（7）土工建筑物

堤（坝）无雨淋沟、渗漏、裂缝、塌陷等缺陷，岸、翼墙后填土区无跌落、塌陷。

（8）石工建筑物

砌石护坡、护底无松动、塌陷等缺陷；浆砌块石墙身无渗漏、倾斜或错动，墙基无冒水冒沙现象；防冲设施（防冲槽、海漫等）无冲刷破坏；反滤设施、减压井、导渗沟、排水设施等保持畅通。

（9）混凝土建筑物

混凝土结构表面整洁，无脱壳、剥落、露筋、裂缝等现象；伸缩缝填料无流失。

（10）观测设施

观测设施先进、自动化程度高，应具备的观测设施完好率达90％以上。

5. 灌区工程

（1）渡槽工程：

① 土工建筑物

岸坡填土区无跌落、无塌陷，翼墙后填土区无跌落、无塌陷。

② 石工建筑物

槽身、支撑结构无渗漏、裂缝、塌陷等缺陷，砌石护坡、护底无松动、塌陷等缺陷，防冲设施无冲刷破坏。

③ 混凝土建筑物

混凝土结构表面整洁，无脱壳、剥落、露筋、裂缝等现象；伸缩缝填料无流失；基础无裸露，无明显位移。

（2）倒虹吸工程：

① 闸门

闸门表面无明显锈蚀，闸门止水装置密封可靠，钢门体的承载构件无变形，运转部位的加油设施完好、畅通。

② 石工建筑物

支墩结构无渗漏、裂缝、塌陷等缺陷，沉沙设施（沉沙池）无冲刷破坏。

③ 管身建筑物

混凝土管道：混凝土结构表面整洁，无脱壳、剥落、露筋、裂缝等现象；伸缩缝填料无流失；管道防腐完整；防冲设施（消力池）无冲刷破坏。

钢管：管道接头处焊缝无裂纹；钢管未发生锈蚀。

④ 零部件

压力表无过期、无破损，完好运行；进出口阀件完好程度。

4.2.3　水利工程信息化管理体系

1. 信息基础设施

信息基础设施指依托国家防汛抗旱指挥系统二期工程、国家水资源管理系统、国家水土保持监控网络和信息系统、全国农村水利管理信息系统等业务应用建设项目以及水文、地下水、水质、水量等监测能力建设项目，扩大省级以下网络覆盖范围，形成覆盖到各类大中型水利工程的纵向水利信息业务网，不断提高水利工程水情信息的采集和获取能力。主要包括数据采集、工程自动监控系统、网络建设、信息化管理机构（或人员）等方面。

2. 水利信息资源

水利信息资源是指对水文数据、工程观测数据、运行管理数据、地理信息数据的采集、输送、存储、处理和服务，完善的水利信息资源需建立数据中心管理与维护机制，完成信息接收处理，实施信息资源收集与整合，完善水利数据库和水利地理空间数据库，完成信息共享与交换系统、信息服务与发布系统、基本运行环境、安全备份等系统建设。

3. 业务应用系统

业务应用系统在水利工程管理方面主要包括水信息综合服务、调度运行指挥系统、水利工程和河湖资源管理系统等。运用数据中心的数据资源，将系统生成的成果数据存储在数据中心，可在内外网门户上发布，形成一套可管理、可扩充、可拓展的业务应用系统，为水利业务工作提供快速、高效的手段。

4.2.4　水利工程调度运行及应急处理能力体系

1. 指挥决策科学化

指挥决策科学化是掌握了现代决策理论的决策主体遵循科学决策的原则，按照科学的决策程序进行决策的一种决策模式，主要包括：（1）组织机构完善程度；（2）岗位设置合理程度；（3）办公设施齐全程度；（4）防汛值班制度执行情况；（5）建立健全调度运用方案；（6）调度指令的执行力；（7）调度运行基本信息适时性程度等方面。

2. 应急处置规范化

应急处置规范化指建立起"统一指挥、反应灵敏、协调有序、运转高效"应急管理机制,主要包括:(1)日常与专项检查情况;(2)调度运行责任制全面落实;(3)运行安全知识宣传适应性;(4)应急预案建设及执行情况;(5)统计报送时效性和准确率等方面。

3. 防汛抢险专业化

防汛抢险专业化指建立起专业化、正规化、技术化的防汛抢险体系,具体包括防汛物资贮备及管理水平、队伍建设与保障能力、建立健全调度队伍建设等方面。各级水利管理单位应积极做好防汛抢险应急准备,加强抢险和救援装备和物资储备、维护和保养,足额配置更新抢险机械设备,优化人员结构,强化技能培训和演练,不断研究推广防汛抢险新技术、新材料、新机具、新方法、新工艺,提高应对处置防汛抢险突发事件的能力和水平。

4.3 定量评价指标定义

1. 水土流失治理

水土流失治理率是指水利工程管理范围内已经得到治理的水土面积占水土流失总面积的百分比。反映生态效益效率性和效果性的指标,水土流失治理率越高,说明生态效益越好。计算公式:

水土流失治理率 = 已经得到治理的水土面积/水土流失总面积 × 100%

2. 水质达标管理

水质达标管理涵盖水质达标程度和水质管理措施两方面内容。不同的水源地要达到相应的水质标准,满足工农业生产和生活对水质的要求。水质管理措施包括对流入水域的污染源进行控制、监视,或者实施水域内水质改善的措施;水域的定期水质调查和异常水质的控制等各种水质保护措施。

3. 环境管理

环境管理主要是指管理范围内的保洁程度,用保洁率表示。保洁率是指水利工程管理范围内持续保持洁净的水面和土地面积占总面积的百分比。关键是建立长效管理机制,保持水面、岸边护坡、河道周边环境洁净,确保河道保洁率达到100%。计算公式:

保洁率 = 持续保持洁净的水面和土地面积/水利工程管理范围内总面积 × 100%

4. 绿化管理

绿化管理主要是指管理范围内的绿化覆盖率。绿化覆盖率是指水利工程管理范围内绿地总面积占用地总面积的百分比，它是衡量一个水利工程绿化水平的主要指标，绿化覆盖率越高，说明生态效益越好。计算公式：

绿化覆盖率＝水利工程管理范围内绿地总面积/用地总面积×100％

4.4　评价方法、步骤及标准

4.4.1　评价方法

与评价指标体系三级结构相适应，对水利工程管理现代化建设水平和效果的评析分三级进行，并在此基础上对总体建设水平进行评价。

1. 定性指标评价

对于定性考核内容，根据水利工程管理实践和现代化建设情况，对照水利工程管理现代化评价指标体系中的定性指标内涵，对水利工程管理现代化建设进展作分析评价，依据评价意见确定"定性指标达到等级"。定性指标分为五级：优秀，良好，一般，合格，不合格；相应分值如下：[0.9～1.0]、[0.8～0.9)、[0.7～0.8)、[0.6～0.7)、[0.4～0.6)。按照指标达到等级所确定的分值被定义为该指标的实现程度。

2. 定量指标评价

对于定量考核内容，根据水利工程管理实践和现代化建设情况，对照和应用水利工程管理现代化评价指标体系中的定量指标定义，对水利工程管理现代化建设进展作分析评价，计算测定"定量指标现状值"。此外，依据水利工程管理现代化建设目标，参照相关规定、规划和科学研究成果确定"定量指标目标水平"，或根据专家意见汇总确定。在确定指标的目标水平并根据指标定义测定指标现状值的基础上，以（现状值/目标水平）作为该指标的实现程度。

3. 合理缺项说明

针对具体的管理单位，有合理缺项，缺项指标不赋分，相应的目标水平值中同时减去该项分值。

4. 分层级综合评价

二级指标评价方法：根据三级指标的考核值、指标权重的综合，采用算术加权法，确定二级指标的考核分值，对二级指标的建设水平进行评价。

一级指标评价方法：根据二级指标的考核值相加，确定一级指标的考核分值，对一级指标的建设水平进行评价。

综合水平评价方法：根据一级指标的考核值、指标权重的综合，采用算术加权法，确定系统总体的综合实现程度，对该体系综合建设水平进行评价。

4.4.2　评价步骤

（1）选择评价指标和权重。针对不同类型和功能的水利工程，可对指标选择有所取舍，而且指标的权重也应区别确定。

（2）确定定量指标的目标水平。目标水平值的确定是对定量指标进行评价的基础，并带有特定社会发展阶段的技术水平、经济水平和价值取向的特征，兼具阶段性和地域性。因此，对定量指标确定目标水平值，是在评价过程中需要处理的一个重要环节。

（3）对三级指标进行评析、考核。在评价指标体系中，三级指标是具体的考核对象，对定性指标可根据其内涵进行考核以确定达到等级，对定量指标可根据其定义直接进行计算求得；在此基础上，确定各三级指标的实现程度。

（4）对二级指标进行评析、考核。二级指标是根据下一级各指标（三级指标）的考核结果、权重进行加权平均计算得到；在此基础上，确定该二级指标的实现程度。

（5）对一级指标进行评析、考核。一级指标是根据下一级各指标（二级指标）的考核结果进行相加得到；在此基础上，确定该一级指标的实现程度。

（6）对系统总体进行评价。系统总体指标是根据下一级各指标（一级指标）的考核结果、权重进行加权平均计算得到；在此基础上，确定系统总体的综合实现程度。

（7）分级评价和综合评价的关系。综合评价是对水利工程管理现代化建设水平和效果的高度概括，但不能反映具体的不足之处；从综合评价到一级指标评价，再到二级指标评价、三级指标评价，是逐步分解、分析的过程，存在的问题也逐渐明朗。因此，从衡量建设目标实现情况和指导今后建设发展方向角度出发，分级评价更切合实际，也更重要。

4.4.3　评价标准

将水利工程管理现代化建设进程划分为三个阶段：初步实现；基本实现；

实现。拟定了不同阶段的现代化评价标准，初步实现，水利工程管理现代化要求系统总体的综合实现程度达到 85% 及以上；基本实现，水利工程管理现代化要求系统总体的综合实现程度达到 90% 及以上；实现，水利工程管理现代化要求系统总体的综合实现程度达到 95% 及以上，同时二级指标也提出指标要求，水利工程管理现代化进程评价标准见表 4-1 所列。

表 4-1　水利工程管理现代化进程评价标准

建设进程不同阶段	评判标准		
	总体综合评价值	一级指标评价值	二级指标评价值
初步实现管理现代化	达到 85% 以上	达到 85% 以上	达到 80% 以上
基本实现管理现代化	达到 90% 以上	达到 90% 以上	达到 85% 以上
实现管理现代化	达到 95% 以上	达到 95% 以上	达到 90% 以上

说明：三级评价指标体系中带"▲"的为关键性指标，若不满足则降级处理，即原"基本实现水利工程管理现代化"的降为"初步实现水利工程管理现代化"，以此类推。

4.5　评价指标权重的确定

考虑社会经济、自然条件的差异，在借鉴国内有关理论研究的基础上，采用德尔菲法（Delphi）即专家意见咨询法，确定本评价指标体系中准则层和指标层的权重数值。

由于水利工程管理现代化评价指标体系的研究是一项创新性的工作，在理论和实践上都处于探索阶段，缺乏实际经验的借鉴。因此，采取德尔菲法能广泛吸收有关专家学者的意见，能更客观地确定权重。

4.5.1　一级评价指标权重

一级指标体系赋分均按 100 分计，最终按各体系权重值加权得出总分。五个一级指标体系中，水库、水闸、泵站对应权重值分别为：0.30、0.25、0.15、0.20、0.10，灌区和堤防对应权重值分别为：0.30、0.25、0.10、0.25、0.10，一级评价指标权重见表 4-2 所列。

表 4-2　一级评价指标权重

序号	一级指标	权　重
1	规范化管理体系	0.30

（续表）

序号	一级指标	权　重
2	设施设备管理体系	0.25
3	信息化管理体系	0.15（堤防、灌区：0.10）
4	调度运行及应急处理能力体系	0.20（堤防、灌区：0.25）
5	水生态环境保护体系	0.10

设施设备管理体系评价指标中，对水库枢纽，大坝和水闸权重分别为0.80（其中：主坝和副坝权重分别为0.90、0.10）、0.20，多个水闸的，水闸权重按流量计算分摊比例（即权重＝单项工程流量/总流量，下同），暂不考虑电站；对梯级泵站，泵站、水闸、堤防权重分别为0.70、0.20、0.10，其中泵站、水闸权重按流量计算分摊比例；对灌区，主干渠与分干渠权重分别为0.70、0.30，其工程权重按平均值计算分摊比例；对堤防，涵闸与堤防权重各为0.50，其工程权重按平均值计算分摊比例。

4.5.2　二、三级评价指标权重

二、三级评价指标权重见表4-3至4-7所列。

表4-3　水利工程规范化管理体系

序号	二级指标	二级指标权重	三级指标		三级指标权重
1	组织管理	0.16	机构设置及运行机制	岗位设置合理	0.02
				建立有效考核机制	0.01
				单位有职工培训计划并按计划落实实施	0.03
				建立健全并不断完善各项管理规章制度，各项制度认真落实，执行效果好	0.03
				工作职责、任务明确	0.01
			管理人员	职工年培训率达到30%	0.03
				技术人员（包括工程技术人员和技术工人）经培训上岗，关键岗位持证上岗	0.03

（续表）

序号	二级指标	二级指标权重	三级指标		三级指标权重
2	安全管理	0.18	安全运行可靠	▲工程达到设计防洪标准	0.03
				按相关规定要求定期开展安全鉴定工作	0.03
				落实防汛和安全管理责任制	0.03
				制定安全管理应急预案	0.03
			安全责任事故情况	▲在设计标准情况下，未发生工程安全或其他重大安全责任事故	0.06
3	运行管理	0.52	日常管理规范	制定年、月及日常巡查工作计划	0.02
				巡查记录规范，有处理意见，按规定期限向有关部门报送巡查报表	0.02
				定期组织水法规学习培训，管理人员熟悉水法规及相关法规，做到依法管理	0.02
				水法规等标语、标牌醒目	0.02
				水文化建设	0.02
				配合有关部门对水环境进行有效保护和监督	0.01
				对河湖内阻水生物、建筑物的数量、位置、设障单位等情况清楚	0.02
				▲执行上级调度命令严格、及时、准确	0.015
				管理技术操作规程健全，按章操作	0.015
				及时开展维修养护，记录规范	0.01
				按规定及时上报有关报告、报表	0.01
			工程养护常态化	定期开展工程鉴定	0.02
				工程整洁美观	0.02
				工程符合安全运行要求	0.02

（续表）

序号	二级指标	二级指标权重	三级指标		三级指标权重
3	运行管理	0.52	工程养护常态化	定期开展害堤动物防治检查	0.02
				定期探查工程隐患	0.02
				定期开展金属结构、机电设备维护考核	0.02
			标志标牌齐全	各类工程管理标志、标牌（里程桩、禁行杆、分界牌、疫区标志牌、警示牌、险工险段及工程标志、工程简介牌、功能区标识等）齐全	0.02
				各类工程管理标志、标牌（同上）醒目	0.02
				各类工程管理标志、标牌（同上）美观	0.02
			工程观测	熟悉掌握工程基本情况，按要求对工程及河势进行观测	0.03
				观测资料及时分析，整编成册	0.02
				观测设施完好率	0.05
			环境整洁美观	管理范围内整洁美观	0.02
				管理范围水面无漂物	0.02
				管理范围陆域无垃圾	0.02
4	经济管理	0.14	管理经费落实	管养分离及购买服务	0.05
				维修养护、运行管理费用来源渠道畅通，"两费"及时足额到位	0.03
				有主管部门批准的年度预算计划	0.03
				▲开支合理，严格执行财务会计制度，无违规违纪行为	0.03

表 4-4　水利工程设施设备管理体系

河道堤防工程

序号	二级指标	二级指标权重	三级指标	三级指标权重
1	堤防断面完好率	0.2	堤身断面、护堤地（面积）保持设计或竣工验收的尺度	0.1
			堤肩线直、弧圆，堤坡平顺	0.03
			堤身无裂缝、冲沟、洞穴，无杂物垃圾堆放	0.07
2	堤顶道路完好率	0.1	堤顶（后戗、防汛路）路面满足防汛抢险通车要求	0.06
			路面完整、平坦、无坑、无明显凹陷和波状起伏	0.04
3	堤防防护工程完好率	0.1	护坡、护岸、丁坝、护脚等防护工程无缺损	0.03
			护坡、护岸、丁坝、护脚等防护工程无坍塌	0.04
			护坡、护岸、丁坝、护脚等防护工程无松动	0.03
4	穿堤建筑物完好率	0.25	穿堤建筑物（涵闸、溢洪道、输水洞等）金属结构及启闭设备运转灵活	0.08
			混凝土无老化、破损现象	0.04
			堤身与建筑物连接可靠	0.06
			堤身与建筑物结合部无隐患、渗漏现象	0.07
5	生物防护工程完好率	0.05	工程管理范围内的宜绿化面积绿化率达 95%	0.01
			树、草种植合理，宜植防护林的地段能形成生物防护体系	0.01
			堤坡草皮整齐，无高秆杂草	0.01
			堤肩草皮（有堤肩边埝的除外）每侧宽 0.5m 以上	0.01
			林木缺损率小于 5%，无病虫害	0.01
6	排水系统完好率	0.1	排水沟、减压井、排渗沟齐全、畅通	0.05
			排水沟、减压井、排渗沟内无杂草、杂物	0.025
			排水沟、减压井、排渗沟无堵塞、破损现象	0.025

（续表）

河道堤防工程				
7	观测设施完好率	0.1	观测设施先进、自动化程度高	0.04
			应具备的观测设施完好率达标	0.06
8	管理辅助设施完好率	0.1	各类工程管理标志、标牌（里程桩、禁行杆、分界牌、疫区标志牌、警示牌、险工险段及工程标牌、工程简介牌等）齐全	0.04
			各类工程管理标志、标牌（同上）醒目	0.03
			各类工程管理标志、标牌（同上）美观	0.03

水 库 大 坝				
序号	二级指标	二级指标权重	三级指标	三级指标权重
1	坝身断面完好率	0.23	坝身断面、护坝地（面积）保持设计或竣工验收的尺度	0.1
			坝肩线直、弧圆，坝坡平顺	0.05
			坝身无裂缝、冲沟、洞穴，无杂物垃圾堆放	0.08
2	坝顶道路完好率	0.12	坝顶路面满足防汛抢险通车要求	0.07
			路面完整、平坦、无坑、无明显凹陷和波状起伏	0.05
3	大坝防护工程完好率	0.15	土工布、混凝土护坡、草皮护坡等防护工程无缺损	0.08
			土工布、混凝土护坡、草皮护坡等防护工程无松动	0.07
4	生物防护工程完好率	0.15	工程管理范围内的宜绿化面积绿化率达95％	0.03
			树、草种植合理，宜植防护林的地段能形成生物防护体系	0.03
			坝坡草皮整齐，无高秆杂草	0.03
			坝肩草皮（有堤肩边埂的除外）每侧宽0.5m以上	0.03
			林木缺损率小于5％，无病虫害	0.03

（续表）

水 库 大 坝				
序号	二级指标	二级指标权重	三级指标	三级指标权重
5	排水系统完好率	0.15	排水沟、减压井、排渗沟齐全、畅通	0.05
			排水沟、减压井、排渗沟内无杂草、杂物	0.05
			排水沟、减压井、排渗沟无堵塞、破损现象	0.05
6	观测设施完好率	0.1	观测设施先进、自动化程度高	0.04
			应具备的观测设施完好率达标	0.06
7	管理辅助设施完好率	0.1	各类工程管理标志、标牌（里程桩、禁行杆、分界牌、疫区标志牌、警示牌、险工险段及工程标牌、工程简介牌等）齐全	0.04
			各类工程管理标志、标牌（同上）醒目	0.03
			各类工程管理标志、标牌（同上）美观	0.03

水闸工程（含水库泄洪闸、泄洪洞）				
序号	二级指标	二级指标权重	三级指标	三级指标权重
1	闸门	0.3	闸门表面无明显锈蚀	0.04
			闸门止水装置密封可靠	0.08
			▲钢门体的承载构件无变形	0.12
			运转部位的加油设施完好、畅通	0.06
2	启闭机	0.2	启闭机外观完好，控制系统动作可靠	0.06
			传动件传动部位保持润滑	0.02
			润滑系统注油设施可靠，开高及限位装置准确可靠	0.12
3	机电设备及防雷设施	0.1	各类电气设备、指示仪表、避雷设施符合规定	0.03
			各类线路保持畅通，无安全隐患	0.03
			▲备用发电机维护良好，能随时投入运行	0.04

（续表）

水闸工程（含水库泄洪闸、泄洪洞）

序号	二级指标	二级指标权重	三级指标	三级指标权重
4	土工建筑物	0.1	堤（坝）无雨淋沟、渗漏、裂缝、塌陷等缺陷	0.05
			岸、翼墙后填土区无跌落、塌陷	0.05
5	石工建筑物	0.1	砌石护坡、护底无松动、塌陷等缺陷	0.02
			浆砌块石墙身无渗漏、倾斜或错动，墙基无冒水冒沙现象	0.02
			防冲设施（防冲槽、海漫等）无冲刷破坏	0.03
			反滤设施、减压井、导渗沟、排水设施等保持畅通	0.03
6	混凝土建筑物	0.1	混凝土结构表面整洁，无脱壳、剥落、露筋、裂缝等现象	0.07
			伸缩缝填料无流失	0.03
7	观测设施	0.1	观测设施先进、自动化程度高	0.04
			应具备的观测设施完好率达标	0.06

泵 站 工 程

序号	二级指标	二级指标权重	三级指标	三级指标权重
1	主机泵	0.2	主电机外壳保持无尘、无污、无锈	0.02
			冷却系统及断流装置、励磁系统、保护装置性能稳定、工作可靠	0.04
			上下油缸以及稀油水导轴承密封良好	0.04
			叶片调节机构工作正常	0.04
			主水泵汽蚀、振动及主水泵轴承摆动、振动符合规定要求	0.04
			泵管及进出水流道、结合面无漏水、漏气现象	0.02
2	辅机系统	0.1	油泵、水泵、空压机（真空破坏阀）以及辅机控制系统运行可靠	0.04
			管道和阀件标识规范，密封良好	0.02
			压力继电器、压力容器和各种表计等信号准确，动作可靠	0.04

（续表）

泵 站 工 程

序号	二级指标	二级指标权重	三级指标	三级指标权重
3	高低压电气设备	0.1	高低压电气设备标识清楚	0.04
			高低压电气设备外部清洁	0.02
			高低压电气设备运行安全可靠	0.04
4	机电设备及防雷设施	0.05	各类电气设备、指示仪表、避雷设施符合规定	0.01
			各类线路保持畅通，无安全隐患	0.02
			备用发电机维护良好，能随时投入运行	0.02
5	闸门	0.1	闸门表面无明显锈蚀	0.02
			闸门止水装置密封可靠	0.02
			钢门体的承载构件无变形	0.04
			运转部位的加油设施完好、畅通	0.02
6	启闭机	0.1	启闭机外观完好，控制系统动作可靠	0.03
			传动件传动部位保持润滑	0.02
			润滑系统注油设施可靠，开高及限位装置准确可靠	0.05
7	土工建筑物	0.1	堤（坝）无雨淋沟、渗漏、裂缝、塌陷等缺陷	0.05
			岸、翼墙后填土区无跌落、塌陷	0.05
8	石工建筑物	0.1	砌石护坡、护底无松动、塌陷等缺陷	0.02
			浆砌块石墙身无渗漏、倾斜或错动，墙基无冒水冒沙现象	0.02
			防冲设施（防冲槽、海漫等）无冲刷破坏	0.03
			反滤设施、减压井、导渗沟、排水设施等保持畅通	0.03
9	混凝土建筑物	0.1	混凝土结构表面整洁，无脱壳、剥落、露筋、裂缝等现象	0.07
			伸缩缝填料无流失	0.03
10	观测设施	0.05	观测设施先进、自动化程度高	0.02
			应具备的观测设施完好率	0.03

（续表）

灌 区 工 程

渡槽

序号	二级指标	二级指标权重	三级指标	三级指标权重
1	土工建筑物	0.28	岸坡填土区无跌落	0.07
			岸坡填土区无塌陷	0.07
			翼墙后填土区无跌落	0.07
			翼墙后填土区无塌陷	0.07
2	石工建筑物	0.36	槽身无渗漏、裂缝、塌陷等缺陷	0.06
			支撑结构无渗漏、裂缝、塌陷等缺陷	0.06
			砌石护底无松动、塌陷等缺陷	0.06
			砌石护坡无松动、塌陷等缺陷	0.06
			防冲设施无冲刷破坏	0.12
3	混凝土建筑物	0.36	混凝土结构表面整洁，无脱壳、剥落、露筋、裂缝等现象	0.12
			伸缩缝填料无流失	0.08
			基础无裸露	0.04
			基础无明显位移	0.12

倒虹吸

序号	二级指标	二级指标权重	三级指标	三级指标权重
1	闸门	0.36	闸门表面无明显锈蚀	0.08
			闸门止水装置密封可靠	0.08
			钢门体的承载构件无变形	0.12
			运转部位的加油设施完好、畅通	0.08
2	石工建筑物	0.16	支墩结构无渗漏、裂缝、塌陷等缺陷	0.08
			沉沙设施（沉沙池）无冲刷破坏	0.08
3	管身建筑物	0.32	混凝土结构表面整洁，无脱壳、剥落、露筋、裂缝等现象，	0.06
			伸缩缝填料无流失（混凝土管道适用）；钢管未发生锈蚀	0.05
			管道接头处焊缝无裂纹（钢管管道适用）	0.05
			管道防腐完整	0.08
			防冲设施（消力池）无冲刷破坏	0.08
4	零部件	0.16	压力表无过期、无破损，完好运行	0.08
			进出口阀件完好	0.08

表 4-5 水利工程信息化管理体系

序号	二级指标	二级指标权重	三级指标	三级指标权重
1	信息基础设施	0.36	数据采集（包括水位站、雨量站、视频监控点等设施的数量和覆盖率）	0.09
			工程自动监控系统（包括闸门、水情、大坝、安全等自动检测系统的数量和覆盖率）	0.09
			网络建设与维护（兼优完善的局域网与门户网，网络覆盖范围与维护到位）	0.09
			信息化管理机构（或人员）	0.09
2	水利信息资源	0.36	水文数据（包括降水、水位、流量、流速、水质等数据）	0.09
			工程观测数据（包括沉降、位移、裂缝等观测数据）	0.09
			运行管理数据（包括日常规范管理、工程养护与维修、操作运行、水土流失等数据）	0.09
			地理信息数据（包括地理空间数据、正射影像图、水下地形等）	0.09
3	业务应用系统	0.28	水利信息综合服务（包括服务管理模块和运行管理模块，服务管理模块包括服务注册、注册审核、服务申请、申请审核、服务管理、服务监控、服务目录、服务查询等。运行管理模块包括部门管理、用户管理、角色管理、权限管理、新闻管理、日志管理、目录管理等）	0.1
			调度运行指挥系统（含防洪调度预案编制、灾情应急反应决策支持、灾情缓冲区分析以及雨情、水情、工情和洪灾评估、险工险段安全性评估）	0.1
			水利工程和河湖资源管理系统（包括工程归属单位、规划设计参数及运行情况、闸或站设计参数、非法侵占违章建筑物以及建筑物面积和空间坐标、污染源来源及影响范围、危害评估等）	0.08

表 4-6 水利工程调度运行及应急处理能力体系

序号	二级指标	二级指标权重	三级指标	三级指标权重
1	指挥决策科学化	0.36	组织机构完善程度	0.04
			岗位设置合理程度	0.04
			办公设施齐全程度	0.04
			防汛值班制度执行情况	0.04
			▲建立健全调度运用方案	0.08
			调度指令的执行力	0.08
			调度运行基本信息适时性程度	0.04
2	应急处置规范化	0.30	日常与专项检查情况	0.06
			调度运行责任制全面落实	0.08
			运行安全知识宣传适应性	0.04
			应急预案建设及执行情况	0.08
			统计报送时效性和准确率	0.04
3	防汛抢险专业化	0.2	防汛物资贮备及管理水平	0.04
			队伍建设与保障能力	0.08
			建立健全调度队伍建设	0.08
4	涉河事务管理	0.14	无违法排污、私设排污口现象	0.03
			无侵占河道、乱倒垃圾现象	0.03
			涉河项目按批准实施	0.04
			采砂按批准区域开采	0.04

表 4-7 水生态环境管理体系

序号	二级指标	二级指标权重	三级指标	三级指标权重
1	水土流失治理	0.3	水土流失治理率达到90%	0.18
			水土流失治理措施	0.12
2	水质达标管理	0.3	水质达标程度	0.18
			水质管理措施	0.12

（续表）

序号	二级指标	二级指标权重	三级指标	三级指标权重
3	环境管理	0.2	划界范围内的保洁率达到 50%	0.07
			确权范围的保洁率达到 90%	0.07
			保洁效果	0.06
4	绿化管理	0.2	划界范围绿化覆盖率达到 50%	0.07
			确权范围绿化覆盖率达到 90%	0.07
			绿化效果	0.06

4.5.3　评价指标体系计算模型

1. 一级指标（即五大指标体系）总体运算关系

（1）指标参数符号化

水利工程规范化管理体系（N）　　　　　　　Normalize

水利工程设施设备管理体系（F）　　　　　　Facilities

水利工程信息化管理体系（I）　　　　　　　Informationize

水利工程调度运行及应急处理能力体系（D）　Dispatch

水生态环境管理体系（E）　　　　　　　　　Environment

总分（$F.S$）　　　　　　　　　　　　　　　Final Score

（2）运算公式

$$F.S = \lambda_1 N + \lambda_2 F + \lambda_3 I + \lambda_4 D + \lambda_5 E$$

其中，根据不同类型水利工程的特点来确定权重 λ_i 的值。

2. 水利工程规范化管理体系（N）

（1）指标参数符号化

序号	二级指标	三级指标（重点考核内容）
1	N_1：组织管理（ON）Organizational	机构设置及运行机制：包含 5 个三级指标，参数设置为 $ON_1 \sim ON_5$
		管理人员：包含 2 个三级指标，参数设置为 $ON_6 \sim ON_7$

（续表）

序号	二级指标	三级指标（重点考核内容）
2	N_2：安全管理（SN） Safety	安全运行可靠：包含 4 个三级指标，参数设置为 $SN_1 \sim SN_4$
		安全责任事故情况：包含 1 个三级指标，参数设置为 SN_5
3	N_3：运行管理（RN） Running	日常管理规范：包含 11 个三级指标，参数设置为 $RN_1 \sim RN_{11}$
		工程养护质量：包含 11 个三级指标，参数设置为 $RN_{12} \sim RN_{22}$
		标志标牌齐全：包含 3 个三级指标，参数设置为 $RN_{23} \sim RN_{25}$
		工程测量：包含 3 个三级指标，参数设置为 $RN_{26} \sim RN_{28}$
		环境整洁美观：包含 3 个三级指标，参数设置为 $RN_{29} \sim RN_{31}$
4	N_4：经济管理（EN） Economic	管理经费落实：包含 4 个三级指标，参数设置为 $EN_1 \sim EN_4$

（2）运算公式

$$N = \sum_{i=1}^{4} N_i$$
$$= N_1 + N_2 + N_3 + N_4 = ON + SN + RN + EN$$
$$= \sum_{i=1}^{7} ON_i + \sum_{i=1}^{5} SN_i + \sum_{i=1}^{31} RN_i + \sum_{i=1}^{4} EN_i$$

3. 水利工程设施设备管理管理体系(F)

（1）指标参数符号化（按不同类型水工建筑物细分一级指标）

序号	一级指标	二级指标	三级指标
1	F_1：堤防工程（DF） Dam		8 个二级指标共包含 25 个三级指标：参数设置为 $DF_1 \sim DF_{25}$
2	F_2：水库工程（主坝）（MF） Main-Reservoir		7 个二级指标共包含 20 个三级指标：参数设置为 $MF_1 \sim MF_{20}$
3	F_3：水库工程（副坝）（VF） Vice-Reservoir		7 个二级指标共包含 20 个三级指标：参数设置为 $VF_1 \sim VF_{20}$
4	F_4：水闸工程（含水库泄洪闸、泄洪洞）（LF）　Locks		7 个二级指标共包含 20 个三级指标：参数设置为 $LF_1 \sim LF_{20}$
5	F_5：泵站工程（PF） Pumping		10 个二级指标共包含 32 个三级指标：参数设置为 $PF_1 \sim PF_{32}$
6	F_7：灌区工程（渡槽）（FF） Flume		3 个二级指标共包含 13 个三级指标：参数设置为 $FF_1 \sim FF_{13}$
7	F_8：灌区工程（倒虹吸）（SF） Siphon		4 个二级指标共包含 13 个三级指标：参数设置为 $SF_1 \sim SF_{13}$

（2）运算公式

$$F = \sum_{i=1}^{n} \mu_i F_i$$

$$= \mu_1 F_1 + \mu_2 F_2 + \mu_3 F_3 + \mu_4 F_4 + \mu_5 F_5 + \mu_6 F_6 + \mu_7 F_7$$

$$= \mu_1 DF + \mu_2 MF + \mu_3 VF + \mu_4 LF + \mu_5 PF + \mu_6 FF + \mu_7 SF$$

$$= \sum_{i=1}^{25} DF_i + \sum_{i=1}^{20} MF_i + \sum_{i=1}^{20} VF_i + \sum_{i=1}^{20} LF_i + \sum_{i=1}^{32} PF_i + \sum_{i=1}^{13} FF_i + \sum_{i=1}^{13} SF_i$$

其中，若包含的水工建筑物唯一，则该水工建筑物的权重 μ 为 1，其余 μ 均为 0，否则按建筑重要性确定权重值。

水库工程中，主坝和副坝可以同时作为一级指标参与运算，也可以对主坝副坝进行权重运算后的结果作为一级指标参与运算，即

$$F_{2\&3} = \theta_1 F_2 + \theta_2 F_3$$

4. 水利工程信息化管理体系（I）

（1）指标参数符号化

序号	二级指标	三级指标
1	I_1：信息基础设施（BI） Base	包含 4 个三级指标，参数设置为 $BI_1 \sim BI_4$
2	I_2：水利信息资源（WI） Water	包含 4 个三级指标，参数设置为 $WI_1 \sim WI_4$
3	I_3：业务应用系统（AI） Application	包含 3 个三级指标，参数设置为 $AI_1 \sim AI_3$

（2）运算公式

$$I = \sum_{i=1}^{3} I_i = I_1 + I_2 + I_3 = BI + WI + AI$$
$$= \sum_{i=1}^{4} BI_i + \sum_{i=1}^{4} WI_i + \sum_{i=1}^{3} AI_i$$

5. 水利工程调度运行及应急处理能力体系（D）

（1）指标参数符号化

序号	二级指标	三级指标
1	D_1：指挥决策科学化（CD） Command	包含 7 个三级指标，参数设置为 $CD_1 \sim CD_7$
2	D_2：应急处置规范化（ED） Emergent	包含 5 个三级指标，参数设置为 $ED_1 \sim ED_5$
3	D_3：防汛抢险专业化（DD） Defense	包含 3 个三级指标，参数设置为 $DD_1 \sim DD_3$
4	D_4：涉河事务管理（MD） Management	包含 4 个三级指标，参数设置为 $MD_1 \sim MD_4$

（2）运算公式

$$D = \sum_{i=1}^{n} D_i = D_1 + D_2 + D_3 + D_4 = CD + ED + DD + MD$$

$$= \sum_{i=1}^{7} CD_i + \sum_{i=1}^{5} ED_i + \sum_{i=1}^{3} DD_i + \sum_{i=1}^{4} MD_i$$

6. 水生态环境管理体系(E)

(1) 指标参数符号化

序号	二级指标	三级指标
1	E_1：水土流失治理(EE) Erosion	包含 2 个三级指标，参数设置为 $EE_1 \sim EE_2$
2	E_2：水质达标管理(SE) Standards	包含 2 个三级指标，参数设置为 $SE_1 \sim SE_2$
3	E_3：环境管理(CE) Cleaning	包含 3 个三级指标，参数设置为 $CE_1 \sim CE_3$
4	E_4：绿化管理(GE) Greening	包含 3 个三级指标，参数设置为 $GE_1 \sim GE_3$

(2) 运算公式

$$E = \sum_{i=1}^{n} E_i = E_1 + E_2 + E_3 + E_4 = EE + SE + CE + GE$$

$$= \sum_{i=1}^{2} EE_i + \sum_{i=1}^{2} SE_i + \sum_{i=1}^{3} CE_i + \sum_{i=1}^{3} GE_i$$

7. 总体运算关系公式(数学计算模型)

$$F.S = \lambda_1 N + \lambda_2 F + \lambda_3 I + \lambda_4 D + \lambda_5 E$$

$$= \lambda_1 \sum_{i=1}^{n} N_i + \lambda_2 \sum_{i=1}^{n} \mu_i F_i + \lambda_3 \sum_{i=1}^{3} I_i + \lambda_4 \sum_{i=1}^{n} D_i + \lambda_5 \sum_{i=1}^{n} E_i$$

$$= \lambda_1 \left(\sum_{i=1}^{7} ON_i + \sum_{i=1}^{5} SN_i + \sum_{i=1}^{31} RN_i + \sum_{i=1}^{4} EN_i \right)$$

$$+ \lambda_2 \left(\sum_{i=1}^{25} DF_i + \sum_{i=1}^{20} MF_i + \sum_{i=1}^{20} VF_i + \sum_{i=1}^{20} LF_i + \sum_{i=1}^{32} PF_i \right.$$

$$+ \left. \sum_{i=1}^{13} FF_i + \sum_{i=1}^{13} SF_i \right)$$

$$+ \lambda_3 \left(\sum_{i=1}^{4} BI_i + \sum_{i=1}^{4} WI_i + \sum_{i=1}^{3} AI_i \right)$$

$$+ \lambda_4 \left(\sum_{i=1}^{7} CD_i + \sum_{i=1}^{5} ED_i + \sum_{i=1}^{3} DD_i + \sum_{i=1}^{4} MD_i \right)$$

$$+ \lambda_5 \left(\sum_{i=1}^{2} EE_i + \sum_{i=1}^{2} SE_i + \sum_{i=1}^{3} CE_i + \sum_{i=1}^{3} GE_i \right)$$

第 5 章　堤防管理现代化
进展实例分析评价

选取某一级堤防作为典型工程进行实例分析，结合该堤防管理单位（以下简称管理单位）的实践和现代化建设情况，对照和应用水利工程管理现代化评价指标体系和评价方法，对其管理现代化建设进展作分析评价。主要内容：（1）堤防工程管理现代化评价指标与权重选择；（2）二级指标达到水平评析；（3）堤防工程管理现代化进展评价。

5.1　管理现代化评价指标与权重选择

对堤防管理现代化进行评价，一级评价指标为 5 项，二级评价指标有 24 项。应用层次分析法和专家打分法综合确定堤防工程分级指标及相应权重值如下：

1. 一级评价指标及权重值

（1）水利工程规范化管理体系权重 0.30

（2）水利工程设施设备管理体系权重 0.25

（3）水利工程信息化管理体系权重 0.10

（4）水利工程调度运行及应急处理能力体系权重 0.25

（5）水生态管理体系权重 0.10

2. 二级评价指标及权重值

（1）水利工程规范化管理体系

① 组织管理权重 0.16

② 安全管理权重 0.18

③ 运行管理权重 0.52

④ 经济管理权重 0.14

（2）水利工程设施设备管理体系

① 堤防断面权重 0.20

② 堤顶道路权重 0.10

③ 堤防防护工程权重 0.10

④ 穿堤建筑物权重 0.25

⑤ 生物防护工程权重 0.05

⑥ 排水系统权重 0.10

⑦ 观测设施权重 0.10

⑧ 管理辅助设施权重 0.10

（3）水利工程信息化管理体系

① 信息基础设施权重 0.36

② 水利信息资源权重 0.36

③ 业务应用系统权重 0.28

（4）水利工程调度运行及应急处理能力体系

① 指挥决策科学化权重 0.36

② 应急处置规范化权重 0.30

③ 防汛抢险专业化权重 0.20

④ 涉河事务管理权重 0.14

（5）水生态管理体系

① 水土流失治理权重 0.30

② 水质达标管理权重 0.30

③ 环境管理权重 0.20

④ 绿化管理权重 0.20

3. 三级评价指标及权重值

见评价指标达到水平评析。

5.2 管理现代化评价指标达到水平评析

5.2.1 水利工程规范化管理体系

1. 组织管理

——现状——

该堤防位于长江左岸，全长 124.48 公里。该堤防属长江干流一级堤防，保护面积 4520 平方公里，保护着域内县（市、区）427.3 万亩耕地、600 多万人口、华东电网、淮南铁路、高速公路等重要设施的防洪安全。大堤堤身共有闸、站、通道闸等穿堤建筑物计 41 座。管理单位前身是某大堤修防管理局、某大堤基建工程指挥部、某大堤建设管理局，系副县级建制事业单位，管理着境内长 112.2 公里的大堤及对应的长江河道。管理单位内设五科一室，分别为工程科、财务器材科、人事教育科、综合经营科、水政水资源科和办公室，下设四个河道管理所和工程建设指挥所，每个所下设 3～4 个管理段，每个段配有 3～5 名护堤工，每名护堤工管理堤防长约 1.5km。管理单位在抓好堤防建设管理的同时，大力发展综合经营，兴办了工程建设公司、劳动服务公司等经营性企业。定编岗位 199 人，现在职职工 242 人，离退休 54 人。从事河道工程运行管理人员共 141 名，其中专科以上学历 33 人，各类专业技术人员 33 人。2011 年，管理单位被授予"全省绿化模范单位"称号，2012 年，管理单位以高分顺利通过了省一级水利工程管理单位考核验收。

办公室协助管理单位领导管理机关日常事务，负责起草管理单位的重要文件和报告；督促检查安全生产工作；负责管理单位办公自动化的开发管理与使用；组织制定各项行政管理工作的规章制度，并严格监督实施等等。工程科负责各类管理设施等工程的管理、养护和维修，负责组织、指导、实施河道、水闸工程管理考核工作，并定期组织检查与考评；承办管理单位防汛抗旱日常事务工作及汛前、汛后检查工作；负责编制防汛、抗旱预案，并承担险情抢险的组织、指导工作；负责河道、水闸工程建设各阶段设计文件编制和组织实施，并做好投资经费的管理；负责做好各阶段验收组织工作，把好工程验收质量关；配合水政科做好违章调查和清障工作。财务科负责各项经费计划的审核、资金筹集，各项经费的使用管理和审计监督；指导和监督管理单位下属单位的财务工作。综合经营科承担河道堤防生物防护工程及水土资源管理技术工作；负责做好多种经营的管理、开发和销售服务工作。水政科负责对管辖范围内的各项水事活动进行检查监督，做好全局普法工作。人教科负责干部选拔、调配和工作人员考核、专业技术职务评聘等日常工作，承办干部、职工的日常教育和培训工作等。管理单位设置合理，各部门工作各司其职，职责清晰、任务明确。

管理单位从 2002 年开始实行竞聘上岗，每 3 年一次。建立了绩效考核机制，目标清晰。职工年培训率达到了 70%。为提高护堤工技能，管理单位加强对护堤工的培训和现场指导，每年采取多种多样的方式方法培训职工，如请专家上课、现场培训指导及劳动竞赛等，增强职工的责任感，提高技术业务水平和操作技能。印发了《关于开展河道工岗位技能考查考评活动的通知》，对护堤工的岗位技能进行考核。对后进护堤工，在岗位定编聘用中，当定编岗位数不足时，将降级使用，即高级工降为中级工，中级工降为初级工。

——评析——

管理单位岗位设置合理，人员数量充足，技术人员偏少。各部门分工明确，规章制度比较全面，考核机制有效规范，执行效果好。职工培训计划落实较好，技术人员经培训上岗，关键岗位持证上岗。

组织管理三级指标得分统计见表 5-1 所列，其中优秀赋 95 分、良好赋 85 分、一般赋 75 分、合格赋 65 分、不合格赋 50 分，乘以对应权重可得该三级指标最后得分，加权平均得出二级指标总分。

表 5-1 组织管理三级指标得分统计

序号	三级指标	等级	权重	得分
1	岗位设置合理	良好	0.02	1.70
2	建立有效考核机制	优秀	0.01	0.95
3	单位有职工培训计划并按计划落实实施	优秀	0.03	2.85
4	建立健全并不断完善各项管理规章制度，各项制度认真落实，执行效果好	优秀	0.03	2.85
5	工作职责、任务明确	优秀	0.01	0.95
6	职工年培训率	优秀	0.03	2.85
7	技术人员（包括工程技术人员和技术工人）经培训上岗，关键岗位持证上岗	良好	0.03	2.55
组织管理总分				14.7

2. 安全管理

——现状——

1949 年后，大堤逐步进行堤身加高培厚，防洪标准显著提高。截至 1985 年底，堤顶高程超过设计洪水位；截至 1995 年底，大堤堤顶高程及断面已基本上按设计洪水位超高 2m 的设计标准达标。

1998 年长江发生仅次于 1954 年的全流域性特大洪水，大堤经受了严重考验，没有决口，但出现大小险情数十处。根据 1999—2000 年的地质勘探成果分析，大堤的抗渗稳定性仍显不足，岸坡冲刷破坏依然存在，沿线穿堤建筑物存在不同程度的病险隐患，大堤的防洪能力与保护区的防洪要求仍有一定差距。为了确保保护区人民的生命财产和安全，按照《堤防工程设计规范》（GB 50286—2013），仍需对堤顶高程不够的堤段进行加高培厚及基础防渗、堤身隐患处理和穿堤建筑物及其与堤身结合部位进一步进行加固。

没做过定期探查工程隐患的工作。仅一个闸有安全鉴定，其余没有。

——评析——

大堤经过多次除险加固，运行安全可靠，未发生安全责任事故。应注意定期探查工程隐患，开展安全鉴定工作，编制安全管理责任制文件，明确职责并落实到位。

安全管理三级指标得分统计见表 5-2 所列，其中优秀赋 95 分、良好赋 85 分、一般赋 75 分、合格赋 65 分、不合格赋 50 分，乘以对应权重可得该三级指标最后得分，加权平均得出二级指标总分。

表 5-2　安全管理三级指标得分统计

序号	三级指标	等级	权重	得分
1	工程达到设计防洪（或竣工验收）标准	优秀	0.03	2.85
2	定期开展安全鉴定工作，鉴定成果用于指导工程的安全运行和除险加固	不合格	0.03	1.50
3	落实防汛和安全管理责任制	优秀	0.03	2.85
4	制定安全管理应急预案	优秀	0.03	2.85
5	在设计标准情况下，未发生工程安全或其他重大安全责任事故	优秀	0.06	5.70
安全管理总分				15.75

3. 运行管理

——现状——

管理单位运行管理理念先进，精细化程度高。为彻底消灭堤身爬坡耕作，规定堤脚清杂要清至距离堤脚 3m 处，并要求保持堤脚线平顺；为保证堤身草皮整齐美观，对草皮已完全覆盖的段落，将清杂调整为草皮修整，控制爬根草高度不超过 7cm；为做好冬季清杂工作，将人工挖除冬季杂草工作纳入考评中，并取得显著成效；为做好堤身保洁，规定堤身不得有任何零星垃圾，要随时产生、随时捡拾，要求沿江砂站对运营中散落堤顶的黄砂进行清扫，或签订劳务协议委托河道管理所清扫；为做好护堤地保洁，将护堤地保洁视同堤身标准进行考评；为确保护堤地不被侵占，规定堤脚位置按照省水利厅批复的标准设计断面确定，从内外堤肩丈量；为确保堤身完整，修上堤路时，要补足筑路部位的堤身断面；培土成路，一律采用混凝土路面；在路肩和路边坡铺植草皮；为确保建设项目完工后现场整洁，开工前足额收取现场清理保证金；为加强非重点小型涉河项目管理，管理单位制定了《大堤小型涉河项目内控制度》，对上堤道路、过堤管线、标志标牌等规定了具体控制原则和程序。

大堤防汛器材仓库储备的防汛物资数量、品种与《防汛物资储备定额编制规程》（SL298－2004）要求相比，有待进一步补充。在一些险工险段以及一些通江涵闸的出水口附近增设备土区，顶部高程必须高于内河保证水位。增加部分地段的吹填高程，堆放防汛材料，防止内圩溃破时淹没防汛材料。要增加必要的大型专业抢险机械设备和装备，并熟练使用，充分利用现代化技术设施，使防汛抢险更快捷有效，充分发挥机动抢险队伍机动快速的特点。

对公路部门管理的101.196km堤顶路面进行了重建，并将道路移至堤顶中心线，以利于交通安全；为减少路面维修养护工作量，将路面改为混凝土路面；对道路两边路肩铺筑20cm厚碎石作为排水设施，以消除堤肩积水；沿路要增加停车场和回车场。

观测资料分析整编规范；管理用房及配套设施完善，布局合理。

经常性的检查落实到位，还增加了突击检查、季节性项目和临时突击性任务检查，如冬季挖除杂草及其生长高峰期清杂、农作物收割季节堤身晾晒秸秆等的专项检查。

对各河道所堤防、涵闸维护费分配实行以奖代补，维修养护经费的75%用于季度考评的以奖代补，按季度考评的名次系数分配，另25%的用于年终的以奖代补，按年终总评的名次系数分配。

制定了《大堤护堤工考评实施细则》《大堤护堤工考评标准》及《大堤护堤工考勤制度》，对工作人员进行考评和考勤，实现常态化管理，规定护堤工上堤工作时间，盛夏及严冬季节适当调整考勤时间。要求各河道所每星期查岗不少于1次，管理单位有关部门每月查岗不少于1次。

——评析——

管理单位在运行管理中依据相关法律、规定做好本职工作，做到了日常管理规范化、工程养护高质量、标志标牌基本齐全、工程观测按时按质，环境整洁美观。

运行管理三级指标得分统计见表 5-3 所列，其中优秀赋 95 分、良好赋 85 分、一般赋 75 分、合格赋 65 分、不合格赋 50 分，乘以对应权重可得该三级指标最后得分，加权平均得出二级指标总分。

表 5-3　运行管理三级指标得分统计

序号	三级指标	等级	权重	得分
1	制定年、月及日常巡查工作计划	优秀	0.02	1.90
2	巡查记录规范，有处理意见，按规定期限向有关部门报送巡查报表	优秀	0.02	1.90
3	定期组织水法规学习培训，管理人员熟悉水法规及相关法规，做到依法管理	良好	0.02	1.70
4	水法规等标语、标牌醒目	优秀	0.02	1.90
5	水文化建设	良好	0.02	1.70
6	配合有关部门对水环境进行有效保护和监督	不合格	0.01	0.50
7	对河湖内阻水生物、建筑物的数量、位置、设障单位等情况清楚	优秀	0.02	1.90
8	执行上级调度命令严格、及时、准确	优秀	0.015	1.43
9	管理技术操作规程健全，按章操作	优秀	0.015	1.43
10	及时开展维修养护，记录规范	优秀	0.01	0.95
11	按规定及时上报有关报告、报表	优秀	0.01	0.95
12	定期开展工程鉴定	一般	0.02	1.50
13	工程整洁美观	良好	0.02	1.70
14	工程符合安全运行要求	优秀	0.02	1.90
15	定期开展害堤动物防治检查和防治	优秀	0.02	1.90
16	定期探查工程隐患	不合格	0.02	1.00
17	定期金属结构、机电设备维护考核	良好	0.02	1.70

（续表）

序号	三级指标	等级	权重	得分
18	各类工程管理标志、标牌（里程桩、禁行杆、分界牌、疫区标志牌、警示牌、险工险段及工程标牌、工程简介牌、功能区标识等）齐全、	良好	0.02	1.70
19	各类工程管理标志、标牌（同上）醒目	良好	0.02	1.70
20	各类工程管理标志、标牌（同上）美观	良好	0.02	1.70
21	熟悉掌握工程基本情况，按要求对工程及河势进行观测	优秀	0.03	2.85
22	观测资料及时分析，整编成册	优秀	0.02	1.90
23	观测设施完好率达到90%以上	良好	0.05	4.25
24	管理范围内整洁美观	良好	0.02	1.70
25	管理范围水面无漂物和有害水草	良好	0.02	1.70
26	管理范围陆域无垃圾	良好	0.02	1.70
运行管理总分				44.60

4. 经济管理

——现状——

管理单位管理经费每年100多万元，鼓励沿堤企业投入资金，对企业门前的堤身和护堤地进行美化，对堤坡铺设马尼拉草皮，对护堤地栽植景观树并兴建道路等设施，减少了堤防专项岁修的投入，在提升企业形象的同时也美化了堤容堤貌。

通过堤身常态化清杂，使草皮覆盖率大幅增加，从而使清杂步入良性循环，清杂投入逐年减少。在重点涉河项目建成后，管理单位就涉河项目所在堤段的维修、管理及防汛等后续问题与使用单位签订协议，明确双方的责任和义务，足额收取涉河项目现场清理保证金，避免了建设单位现场清理不彻底的现象，与沿江砂站签订劳务协议，对砂站运营车辆洒落堤身的砂粒进行清扫，节约了堤防运行维护及路面清扫费用，避免了不必要的开支。严格岁修项目验收、结算与审计程序，少花钱多办事，提高了资金的使用效益。执行财务预算制度，强化财务审批、监督，有效控制了非生产性开支。

2012年3月29日，管理单位与养护公司签订了维修养护合同，合同期限为 1 年。养护经费执行水利部和财政部于 2004 年印发的《水利工程维修养护定额标准（试点）》。管理单位制定了《大堤管养分离试点段养护工作考核办法（试行）》，对养护公司的养护工作按季度进行考核验收。堤防管理员从繁重的维修养护任务中解放出来，把更多精力放在工程管理的检查、日常巡查、护堤地清障、养护监督检查、水法宣传、违章制止等管理工作上，通过一年多时间的运转，工程面貌明显改善，管养分离段养护好于河道管理所直接养护的其他堤段。

——评析——

管理单位管理经费开支合理，无违规违纪行为，但管理经费不足。

经济管理三级指标得分统计见表 5 - 4 所列，其中优秀赋 95 分、良好赋 85 分、一般赋 75 分、合格赋 65 分、不合格赋 50 分，乘以对应权重可得该三级指标最后得分，加权平均得出二级指标总分。

表 5 - 4　经济管理三级指标得分统计

序号	三级指标	等级	权重	得分
1	管养分离设置合理，购买服务程序规范	良好	0.05	4.25
2	维修养护、运行管理费用来源渠道畅通，"两费"及时足额到位	一般	0.03	2.25
3	有主管部门批准的年度预算计划	优秀	0.03	2.85
4	经费管理规范，严格执行财务会计制度，无违规违纪行为	优秀	0.03	2.85
经济管理总分				12.20

5.2.2　水利工程设施设备管理体系

——现状——

1. 堤防工程除险加固、更新改造的实施情况和效果

新中国成立初期，大堤堤身矮小单薄，顶宽不足 5m。新中国成立后，党和国家高度重视大堤加固工程建设，堤防设计标准逐步提高。大堤加固工程共分为堤身加固、填塘固基、抛石护岸、涵闸加固、堤身护坡、防汛道路、渗流处理、锥探灌浆、挖压拆迁、管理设施等建设项目。从 1983 年 1 月至 2006 年底，大堤除险加固共完成土方 3650 万 m³，石方 114 万 m³，混凝土 6 万 m³。经过多年来的加固工程建设，大堤防洪标准显著提高，抗洪能力大大

增强，现已基本达到防御 1954 年型洪水的标准。

大堤在管理过程中对加固和维护堤防采取了一系列措施：（1）护岸。对严重威胁堤防安全的崩岸，以往采取退建堤防的办法，1956 年冬至 1957 年春在安定街崩岸治理中，采用沉排护岸工程。20 世纪 70 年代起又对大拐、刘家渡、小江坝等堤段进行了抛石护岸。到 1999 年，累计护岸长 31.5km，完成抛石 425 万 m³，使江岸基本趋于稳定。（2）堤基处理。沿堤深塘及抗渗稳定性较差的砂基堤段是汛期的主要险工。1977 年开始对沿堤沟、塘及砂基险情堤段进行处理，截至 1999 年底，堤内外原有的 8 处大塘及沿堤河沟已被充填，9.5km 砂基堤段已进行了堤内盖重、堤外水平铺盖防渗处理。完成填塘固基及防渗土方 3515 万 m³，使堤基抗渗能力明显提高。（3）堤身加培。1983 年以来开始按设计要求加培堤身，并进行了堤身护坡、锥探灌浆等工程项目的建设。截至 1999 年底，完成加培土方 553 万 m³，护坡石方 11.86 万 m³，锥探灌浆 120km。（4）其他除险加固工作。1982 年、1992 年分别对两个闸进行了整修加固，并逐年对穿堤的病险涵闸进行了加固处理。兴建了 114.5km 堤顶公路和 178.6km 防汛通信线路，使防汛交通与通信条件有了显著改善。（5）加强管理。凡铁路通道、码头、栈桥等交叉设施，都需由管理单位按规定对设计文件进行初审，并转报省水利厅批准后，方可开工，并严格检查验收，保证不妨碍长江干流泄洪。大堤经历了 1998 年流域性洪水的考验，出现散浸、管涌、渗漏等险情 37 处，经抢护，全线安全度汛。

其中一个闸经历了 1970、1975、1985、1992 年多次加固、处理，但由于受到当时条件限制，均没有进行较为完整的工程设计和加固处，致使该闸本身及附近堤防建设均存在一些问题。由于设计标准的提高以及现状存在的一些问题，2002 年对该闸进行了加固。1954 年特大洪水某闸闸址处实测水位为 15.35m，超过了 1953 年防洪设计江水位，1982 年对该闸进行了加固。加固工程防洪设计江水位采用 1954 年洪水闸址处还原水位 15.84m，相应西河设计水位 11.00m，校核水位 10.00m。闸顶高程按防洪设计江水位超高 2.50m 后，由原高程加高至 18.34m。闸门由钢结构弧形门改为平板式钢闸门。2002 年对某段 13 座坞工涵闸进行了改建和并建处理，拆除封堵了三座涵闸，现有 10 座涵闸全部为钢砼结构。

2. 水利工程设施设备管理体系

（1）堤防断面

堤身断面、护堤地（面积）保持设计或竣工验收的尺度，堤肩线直弧圆，由于良好的日常运行管理，堤身无裂缝、冲沟、洞穴，无杂物垃圾堆放。

（2）堤顶道路

堤顶防汛道路畅通，无碎石、砂粒，公路部门管理的路段经过重修，改为混凝土路面，堤顶路面满足防汛通车要求。

（3）堤防防护工程

护坡、护坎完整，堤坡平顺美观、草皮整齐，堤脚线清晰、流畅。

（4）穿堤建筑物

涵闸经过加固后运行安全可靠；穿堤建筑物与堤身土体结合部位进行高压喷射灌浆；渗漏现象大大减少。

（5）生物防护工程

工程管理范围内的宜绿化面积绿化率超过 95%；树、草种植合理，宜植防护林的地段能形成生物防护体系。

（6）排水系统

排水沟、减压井、排渗沟齐全、畅通，沟内无杂草、杂物，无堵塞、破损现象。

（7）观测设施

观测设施目前先进性、自动化程度不高。观测设施完好率较高。

（8）管理辅助设施

标志标牌齐全、醒目、美观、大气。

──评析──

经过除险加固，大堤堤身稳固，各涵闸安全可靠，观测设施完好率较高。

设施设备管理三级指标得分统计见表 5-5 所列，其中优秀赋 95 分、良好赋 85 分、一般赋 75 分、合格赋 65 分、不合格赋 50 分，乘以对应权重可得该三级指标最后得分，加权平均得出二级指标总分。

表 5-5　设施设备管理三级指标得分统计

序号	三级指标	等级	权重	得分
1	堤身断面、护堤地（面积）保持设计或竣工验收的尺度	优秀	0.10	9.50
2	堤肩线直、弧圆，堤坡平顺	良好	0.03	2.55
3	堤身无裂缝、冲沟、洞穴，无杂物垃圾堆放	良好	0.07	5.95
堤身断面完好率总分				18

（续表）

序号	三级指标	等级	权重	得分
1	堤顶路面（后戗、防汛路）满足防汛抢险通车要求	优秀	0.06	5.7
2	路面完整、平坦、无坑、无明显凹陷和波状起伏	优秀	0.04	3.8
	堤顶道路完好率总分			9.5
1	护坡、护岸、丁坝、护脚等防护工程无缺损	一般	0.03	2.25
2	护坡、护岸、丁坝、护脚等防护工程无坍塌	一般	0.04	3
3	护坡、护岸、丁坝、护脚等防护工程无松动	一般	0.03	2.25
	堤防防护工程完好率总分			7.5
1	穿堤建筑物（涵闸、溢洪道、输水洞等）金属结构及启闭设备运转灵活	一般	0.08	6
2	混凝土无老化、破损现象	一般	0.04	3
3	堤身与建筑物联结可靠	一般	0.06	4.5
4	结合部无隐患、渗漏现象	一般	0.07	5.25
	穿堤建筑物完好率			18.75
1	工程管理范围内的宜绿化面积绿化率	优秀	0.01	0.95
2	树草种植合理，宜植防护林的地段能形成生物防护体系	优秀	0.01	0.95
3	堤坡草皮整齐，无高杆杂草	优秀	0.01	0.95
4	坝肩草皮（有堤肩边埝的除外）每侧宽0.5m以上	良好	0.01	0.85
5	林木缺损情况，无病虫害	良好	0.01	0.85
	生物防护工程完好率总分			4.55
1	排水沟、减压井、排渗沟齐全、畅通	良好	0.05	4.25
2	排水沟、减压井、排渗沟沟内无杂草、杂物	良好	0.025	2.13
3	排水沟、减压井、排渗沟无堵塞、破损现象	良好	0.025	2.13
	排水系统完好率总分			8.51
1	观测设施先进、自动化程度高	合格	0.04	2.6

（续表）

序号	三级指标	等级	权重	得分
2	观测设施完好率达 90％以上	合格	0.06	3.9
观测设施完好率总分				6.5
1	各类工程管理标志、标牌（里程桩、禁行杆、分界牌、疫区标志牌、警示牌、险工险段及工程标牌、工程简介牌等）齐全	良好	0.04	3.40
2	各类工程管理标志、标牌（同上）醒目	良好	0.03	2.55
3	各类工程管理标志、标牌（同上）美观	良好	0.03	2.55
管理辅助设施完好率总分				8.5

5.2.3　水利工程信息化管理体系

1. 信息基础设施

——现状——

大堤通信设施主要依靠邮电和移动通信，数据采集靠人工测量，工程自动监控系统良好，网络主要为机关局域网，信息化管理机构只有 2 名兼职人员。

——评析——

信息基础设施水平较低，信息化管理技术人员缺乏，需要加强数据采集自动化，建立更加完备的工况监测系统和安全预警系统技术。

信息基础设施三级指标得分统计见表 5－6 所列，其中优秀赋 95 分、良好赋 85 分、一般赋 75 分、合格赋 65 分、不合格赋 50 分，乘以对应权重可得该三级指标最后得分，加权平均得出二级指标总分。

表 5－6　信息基础设施三级指标得分统计

序号	三级指标	等级	权重	得分
1	数据采集	一般	0.09	6.75
2	工程自动监控系统	良好	0.09	7.65
3	网络建设	一般	0.09	6.75
4	信息化管理机构（或人员）	一般	0.09	6.75
信息基础设施总分				27.9

2. 水利信息资源

——现状——

堤防视频监控点有 19 个，险工地段，重点地段监控已布防。

无水文数据，地理信息数据未建立。

工程观测和运行管理数据不够完整精确，可靠性较差。

——评析——

水利信息资源缺乏，应着力建立大堤基础数据库，将各类加固工程、汛期出险记录及涉河建设项目资料制成电子文档，并开发软件，实现各类信息资源的快速和全面共享。

水利信息资源三级指标得分统计见表 5 - 7 所列，其中优秀赋 95 分、良好赋 85 分、一般赋 75 分、合格赋 65 分、不合格赋 50 分，乘以对应权重可得该三级指标最后得分，加权平均得出二级指标总分。

表 5 - 7　水利信息资源三级指标得分统计

序号	三级指标	等级	权重	得分
1	水文数据	无	0.09	0
2	工程观测数据	合格	0.09	5.85
3	运行管理数据	合格	0.09	5.85
4	地理信息数据	不合格	0.09	4.5
水利信息资源总分				16.2

3. 业务应用系统

——现状——

目前已建有单位门户网站，实现管理单位部分工程管理信息、综合经营等信息的在线发布与查询。没有水利工程和河湖资源管理系统，准备建设调度运行指挥系统，水利信息综合服务能力较差。

——评析——

应用系统建设不足，应用不够广泛。需要实现数据、语音和图像的传递，并实现上与省水利专网、下与基层管理所的互联，建立科学的决策指挥系统。

业务应用系统三级指标得分统计见表 5 - 8 所列，其中优秀赋 95 分、良好赋 85 分、一般赋 75 分、合格赋 65 分、不合格赋 50 分，乘以对应权重可得该三级指标最后得分，加权平均得出二级指标总分。

表 5-8　业务应用系统三级指标得分统计

序号	三级指标	等级	权重	得分
1	水利信息综合服务	一般	0.10	7.50
2	调度运行指挥系统	不合格	0.10	5.00
3	水利工程和河湖资源管理系统	不合格	0.08	4.00
业务应用系统总分				16.5

5.2.4　水利工程调度运行及应急处理能力体系

1. 指挥决策科学化

——现状——

工程科承办管理单位防汛抗旱日常事务工作及汛前、汛后检查工作；负责编制防汛、抗旱预案，并承担险情抢险的组织、指导工作。

防汛值班制度执行情况好，调度指令的执行力强，调度运行基本信息实时性程度高。

——评析——

办公设施需继续添置完善。防汛值班制度执行情况好，调度指令执行力强。

指挥决策科学化三级指标得分统计见表 5-9 所列，其中优秀赋 95 分、良好赋 85 分、一般赋 75 分、合格赋 65 分、不合格赋 50 分，乘以对应权重可得该三级指标最后得分，加权平均得出二级指标总分。

表 5-9　指挥决策科学化三级指标得分统计

序号	三级指标	等级	权重	得分
1	组织机构完善程度	良好	0.04	3.40
2	岗位设置合理程度	良好	0.04	3.40
3	办公设施齐全程度	良好	0.04	3.40
4	防汛值班制度执行情况	优秀	0.04	3.80
5	建立健全调度运用方案	优秀	0.08	7.60
6	调度指令的执行力	优秀	0.08	7.60
7	调度运行基本信息适时性程度	优秀	0.04	3.80
指挥决策科学化总分				33.0

2. 应急处置规范化

——现状——

汛期，大堤防汛指挥部要求有关县市区要深入现场，全面掌握各自责任段的工程运行情况及防洪薄弱环节，编制防汛预案，落实上堤民工，组建突击抢险队，备足备齐防汛物资器材。当某闸下水位达到 14.20 米及其以上时，迅速组织二线民工上堤，加强巡查防守，落实各项安全防范措施。

——评析——

需进一步加强应急预案的编制及执行，积极宣传安全知识，强化安全责任意识。

应急处置规范化三级指标得分统计见表 5-10 所列，其中优秀赋 95 分、良好赋 85 分、一般赋 75 分、合格赋 65 分、不合格赋 50 分，乘以对应权重可得该三级指标最后得分，加权平均得出二级指标总分。

表 5-10　应急处置规范化三级指标得分统计

序号	三级指标	等级	权重	得分
1	日常与专项检查情况	优秀	0.06	5.70
2	调度运行责任制全面落实	优秀	0.08	7.60
3	运行安全知识宣传适应性	良好	0.04	3.40
4	应急预案建设及执行情况	优秀	0.08	7.60
5	统计报送时效性和准确率	优秀	0.04	3.80
应急处置规范化总分				28.1

3. 防汛抢险专业化

——现状——

防汛物资按省防指要求代为储备，管理单位对沿堤 11 处省、市级防汛器材和砂石料堆放情况，每年组织进行一次全面检查，检查人员认真检查了各库（点）防汛器材和砂石料堆放点情况，要求进一步做到标牌规范、清晰；库内物资堆放整齐、清洁；露天堆放的砂石料无杂草和杂物，并重点检查了上广塘仓库消防设备、来人登记、值班人员交接班、巡库巡查情况，切实做好防火、防盗、防霉变工作，以确保防汛物资储备安全。

有抗汛抢险队，有进行水上应急救援演练，队伍调度建设情况良好。各河道管理所组织职工开始对直接临水段、外护圩接头和通江涵闸等防汛重点段日夜进行巡逻检查，认真填写交接班记录，市防指成员单位实行 24 小时领导驻办带班。

——评析——

防汛物资贮备水平较高，管理水平有待提升。队伍建设较好，保障能力很强。

防汛抢险专业化三级指标得分统计见表 5-11 所列，其中优秀赋 95 分、良好赋 85 分、一般赋 75 分、合格赋 65 分、不合格赋 50 分，乘以对应权重可得该三级指标最后得分，加权平均得出二级指标总分。

表 5-11　防汛抢险专业化三级指标得分统计

序号	三级指标	等级	权重	得分
1	防汛物资贮备及管理水平	优秀	0.04	3.80
2	队伍建设与保障能力	优秀	0.08	7.60
3	建立健全调度队伍建设	良好	0.08	6.80
防汛抢险专业化总分				18.20

4. 涉河事务管理

通过多年努力，沿江建设单位在涉河建设项目中，依法守法的意识增强了，绝大部分都能按许可的要求做好相关工作，按要求履行相关报批手续。但也有极少数的企业，因为抢工期，抢生产，存在违规建设、打擦边球的现象。

涉河书事务管理三级指标得分统计见表 5-12 所列，其中优秀赋 95 分、良好赋 85 分、一般赋 75 分、合格赋 65 分、不合格赋 50 分，乘以对应权重可得该三级指标最后得分，加权平均得出二级指标总分。

表 5-12　涉河事务管理三级指标得分统计

序号	三级指标	等级	权重	得分
1	无违法排污、私设排污口现象	良好	0.03	2.55
2	无侵占河道、乱到垃圾现象	良好	0.03	2.55
3	涉河项目按批准实施	优秀	0.04	3.80
4	采砂按批准区域开采	优秀	0.04	3.80
涉河事务管理总分				12.7

5.2.5 水生态管理体系

1. 水土流失治理

出现滑坡时，及时委托设计单位编制除险加固设计，开挖清除滑动体，外运黏土重新培筑，并于堤肩下加培阻滑平台，并栽植草皮护坡。水土流失治理率合格，治理措施有待加强。

水土流失治理三级指标得分统计见表 5－13 所列，其中优秀赋 95 分、良好赋 85 分、一般赋 75 分、合格赋 65 分、不合格赋 50 分，乘以对应权重可得该三级指标最后得分，加权平均得出二级指标总分。

表 5－13　水土流失治理三级指标得分统计

序号	三级指标	等级	权重	得分
1	水土流失治理率	合格	0.18	11.70
2	水土流失治理措施	一般	0.12	9.00
水土流失管理总分				20.70

2. 水质达标管理

根据国务院《关于实行最严格水资源管理制度的意见》和《某省实行最严格水资源管理制度考核办法》，要求建立水功能区限制纳污制度，确立水功能区限制纳污红线，保障水生态安全。管理单位积极响应省各项政策，加强水质监测和治理，水质达标程度优秀。

水质达标管理三级指标得分统计见表 5－14 所列，其中优秀赋 95 分、良好赋 85 分、一般赋 75 分、合格赋 65 分、不合格赋 50 分，乘以对应权重可得该三级指标最后得分，加权平均得出二级指标总分。

表 5－14　水质达标管理三级指标得分统计

序号	三级指标	等级	权重	得分
1	水质达标程度	一般	0.18	13.5
2	水质管理措施	良好	0.12	10.2
水质达标管理总分				23.7

3. 环境管理

大堤总长 124.5km，管理单位管理范围 122.1km，已完成确权划界

35790 亩，包括 15000 亩滩地。管理单位规定堤脚清杂要清至距离堤脚 3m 处，并要求保持堤脚线平顺。

环境管理三级指标得分统计见表 5-15 所列，其中优秀赋 95 分、良好赋 85 分、一般赋 75 分、合格赋 65 分、不合格赋 50 分，乘以对应权重可得该三级指标最后得分，加权平均得出二级指标总分。

表 5-15　环境管理三级指标得分统计

序号	三级指标	等级	权重	得分
1	划界范围的保洁率	合格	0.07	4.55
2	确权范围的保洁率	良好	0.07	5.95
3	保洁效果	优秀	0.06	5.10
环境管理总分				15.60

4. 绿化管理

划界范围内绿化率达到 70%，有林木 30 万株。

绿化管理三级指标得分统计见表 5-16 所列，其中优秀赋 95 分、良好赋 85 分、一般赋 75 分、合格赋 65 分、不合格赋 50 分，乘以对应权重可得该三级指标最后得分，加权平均得出二级指标总分。

表 5-16　绿化管理三级指标得分统计

序号	三级指标	等级	权重	得分
1	划界范围绿化覆盖率	合格	0.07	4.55
2	确权范围绿化覆盖率	优秀	0.07	6.65
3	绿化效果	优秀	0.06	5.70
绿化管理总分				16.90

5.3　管理现代化进展评价

5.3.1　二级指标评价

由表 5-1～表 5-16 可统计得出五项一级指标的综合分值与实现程度。

1. 水利工程规范化管理体系

表 5-17　水利工程规范化管理体系得分统计

序号	二级指标	权重	相应分值
1	组织管理	0.16	14.7
2	安全管理	0.18	15.45
3	运行管理	0.52	44.6
4	经济管理	0.14	12.2

该一级指标综合分值为86.95，目标值为100.0，则实现程度为86.95%

2. 水利工程设施设备管理体系

表 5-18　堤防二级指标得分统计

序号	二级指标	权重	相应分值
1	堤防断面完好率	0.20	18
2	堤顶道路完好率	0.10	9.5
3	堤防防护工程完好率	0.10	7.5
4	穿堤建筑物完好率	0.25	18.75
5	生物防护工程完好率	0.05	4.55
6	排水系统完好率	0.10	8.51
7	观测设施完好率	0.10	6.5
8	管理辅助设施完好率	0.10	8.5

该一级指标综合分值为81.81，目标值为95.0，则实现程度为86.1%

3. 水利工程信息化管理体系

表 5-19　水利工程信息化管理体系得分统计

序号	二级指标	权重	相应分值
1	信息基础设施	0.36	27.9
2	水利信息资源	0.36	16.2
3	业务应用系统	0.28	16.5

该一级指标综合分值为60.6，目标值为90.0，则实现程度为67.3%

4. 水利工程调度运行及应急处理能力体系

表 5 - 20　水利工程调度运行及应急处理能力体系得分统计

序号	二级指标	权重	相应分值
1	指挥决策科学化	0.36	33
2	应急处置规范化	0.30	28.1
3	防汛抢险专业化	0.20	18.2
4	涉河事务管理	0.14	12.7

该一级指标综合分值为 92.0，目标值为 100.0，则实现程度为 92.0%

5. 水生态管理体系

表 5 - 21　水生态管理体系得分统计

序号	二级指标	权重	相应分值
1	水土流失治理	0.20	20.7
2	水质达标管理	0.20	23.7
3	环境管理	0.30	15.6
4	绿化管理	0.30	16.9

该一级指标综合分值为 76.9，目标值为 95.0，则实现程度为 80.9%

5.3.2　综合评价

表 5 - 22　管理单位综合得分统计

序号	一级指标	权重	目标值	现状值	实现程度
1	水利工程规范化管理体系	0.30	100	87.	87.0%
2	水利工程设施设备管理体系	0.25	95	81.8	86.1%
3	水利工程信息化管理体系	0.10	90	60.6	67.3%
4	水利工程调度运行及应急处理能力体系	0.25	100	92.0	92.0%
5	水生态环境管理体系	0.10	95	76.9	80.9%

管理单位管理现代化综合得分为 83.2，实现程度为 85.4%

5.3.3 分析评价总结

（1）管理单位管理现代化综合实现程度为 85.4%，接近 85%，"水利工程信息化管理体系"实现程度仅为 67.3%，低于初步实现现代化的标准，判定为未实现现代化，表明管理单位在管理现代化建设还有很大的上升空间。

（2）一级指标中，仅"水利工程调度运行及应急处理能力体系"这一项实现程度略超过 90%，表明大堤防洪度汛能力较强，较好地保障了防洪安全。"水利工程规范化管理体系""水利工程设施设备管理体系"均达到初步实现现代化的标准，但还需进一步提高。

（3）一级指标中，"水生态环境管理体系"实现程度为 80.9%，距离初步实现现代化水平还有很大差距，需要注意水生态环境的保护。

（4）一级指标中，"水利工程信息化管理体系"实现程度为 67.3%，远低于初步实现现代化标准，是大堤管理现代化发展的突出性的短板。

第6章　水库管理现代化
进展实例分析评价

选取某水库作为典型工程进行实例分析，结合水库管理处的实践和现代化建设情况，对照和应用水利工程管理现代化评价指标体系和评价方法，对其管理现代化建设进展作分析评价。主要内容：（1）管理现代化评价指标与权重选择；（2）管理现代化评价指标达到水平评析；（3）管理现代化进展评价。

6.1　管理现代化评价指标与权重选择

对水库管理现代化进行评价，一级评价指标为 5 项，其中水利工程设施设备管理体系主要评价水库大坝与水闸工程两部分，故而二级评价指标合计有 30 项。结合应用层次分析法和专家打分法综合确定某水库分级指标及相应权重值如下：

1. 一级评价指标及权重值

（1）水利工程规范化管理体系权重 0.30

（2）水利工程设施设备管理体系权重 0.25

（3）水利工程信息化管理体系权重 0.15

（4）水利工程调度运行及应急处理能力体系权重 0.20

（5）水生态管理体系权重 0.10

2. 二级评价指标及权重值

（1）水利工程规范化管理体系

① 组织管理权重 0.16

② 安全管理权重 0.18

③ 运行管理权重 0.52

④ 经济管理权重 0.14

（2）水利工程设施设备管理体系

水利工程设施设备管理体系中，水库大坝与水闸工程权重分别为 0.8 和 0.2。

1）水库大坝

① 坝身断面权重 0.23

② 坝顶道路权重 0.12

③ 大坝防护工程权重 0.15

④ 生物防护工程权重 0.15

⑤ 排水系统权重 0.15

⑥ 观测设施权重 0.10

⑦ 管理辅助设施权重 0.10

2）水闸工程

① 闸门权重 0.30

② 启闭机权重 0.20

③ 机电设备及防雷设施权重 0.10

④ 土工建筑物权重 0.10

⑤ 石工建筑物权重 0.10

⑥ 混凝土建筑物权重 0.10

⑦ 观测设施权重 0.10

（3）水利工程信息化管理体系

① 信息基础设施权重 0.36

② 水利信息资源权重 0.36

③ 业务应用系统权重 0.28

（4）水利工程调度运行及应急处理能力体系

① 指挥决策科学化权重 0.36

② 应急处置规范化权重 0.30

③ 防汛抢险专业化权重 0.20

④ 涉河事务管理权重 0.14

（5）水生态管理体系

① 水土流失治理权重 0.30

② 水质达标管理权重 0.30

③ 环境管理权重 0.20

④ 绿化管理权重 0.20

3. 三级评价指标及权重值

见评价指标达到水平评析。

6.2　管理现代化评价指标达到水平评析

6.2.1　水利工程规范化管理体系

1. 组织管理

———现状———

水库位于某省三市县交界处，是淮河支流某河上游的一座大型水库，是以防洪灌溉为主，结合发电、城市供水、航运、水产养殖、生态等综合利用的大型水利水电工程。水库枢纽工程由水库大坝、新、老泄洪隧洞、引水隧洞、溢洪道、发电厂六部分组成，为多目标开发的大型山谷水库，1958 年建成，是我国自行设计施工的混凝土重力拱坝。水库管理处（以下简称管理处）是省水利厅直属正处级事业单位、公益性管理单位，核定人员编制 40 人，实际在编人数 30 人（不含水电站企业编人员）。在深化水利改革的进程中，管理处着力强化内部管理，推行企事分开、管养分离，逐步提高管理规范化程度。管理处先后荣获国家一级水利工程管理单位、省机关档案目标管理一级单位等荣誉称号。

管理处实行岗位聘用制，并根据《管理处工作人员年度考核管理办法》《管理处所属电站领导班子成员及中层管理人员年度考核管理办法》文件精神及省水利厅考核工作有关要求，结合月度考核情况及工作实际，按年度对管理处工作人员德才表现和工作实绩进行评价，激励督促工作人员不断提高政治业务素质，认真履行岗位职责。同时管理处鼓励符合晋升高级工程师、工程师任职资格评审条件的工作人员及时参加省水利水电工程专业技术人员继续教育，积极申报相应的专业技术职称，努力提升自身专业技术能力和综合素质。此外，管理处建立并不断健全职工培训计划并实施，达到平均每人每年可以接受培训三次以上的目标，职工年培训率超过 70%。

管理处编制完成各类机器的操作规程、维护规程，定期开展安全知识宣传活动，并在工作人员操作场所挂立展板，随时提醒工作人员规范操作、安全操作。管理处于 2014 年开始编制《水库水利信息化发展规划》，现已完成并开始实施信息化发展。管理处还建立了《管理处请假考勤制度》等管理制度。对于已经发布的各项规章制度，管理处都认真落实，取得了良好的效果。

管理处二级机构：办公室、财务科、水政科、工程科。

管理处水电站二级机构设置：机关职能部门：行政工作部、生产技术部、财务部、物资车辆管理部、保卫部、离退休工作部；工会；生产部门：发电分场；公司：发电设备检修公司（蓄能项目部）、实业开发总公司、综合治理办公室（挂靠保卫部）。

各部门工作职责清晰、任务明确。

管理处严格执行技术人员经培训上岗，关键岗位持证上岗。

——评析——

人员数量不足，岗位尚有空缺。考核机制有效规范。职工培训计划落实较好，技术人员经培训上岗，关键岗位持证上岗。规章制度较为全面，岗位职责任务明确，执行效果好。

组织管理三级指标得分统计见表 6-1 所列，其中优秀赋 95 分、良好赋 85 分、一般赋 75 分、合格赋 65 分、不合格赋 50 分，乘以对应权重可得该三级指标最后得分，加权平均得出二级指标总分。

表 6-1 组织管理三级指标得分统计

序号	三级指标	等级	权重	得分
1	岗位设置合理	良好	0.02	1.70
2	建立有效考核机制	优秀	0.01	0.95
3	单位有职工培训计划并按计划落实实施	优秀	0.03	2.85
4	建立健全并不断完善各项管理规章制度，各项制度认真落实，执行效果好	优秀	0.03	2.85
5	工作职责、任务明确	优秀	0.01	0.95
6	职工年培训率	优秀	0.03	2.85
7	技术人员（包括工程技术人员和技术工人）经培训上岗，关键岗位持证上岗	优秀	0.03	2.85
组织管理总分				15.0

2. 安全管理

——现状——

水库工程设计标准为 500 年一遇洪水标准，校核标准为 5000 年一遇标准。

水库运行半个世纪后，发现以下问题：需要建设非常溢洪设施；左坝肩存有 F2 断层，第 1、2、24 三坝段存有径向贯穿性裂缝等；泄洪洞进出口闸门虽经更新但还存在进口事故门不能作事故备用、通气孔截面积偏小、出口控制门门体刚度不够、漏水严重、门槽汽蚀、每用必修等问题，给防汛抗旱的安全运用埋下隐患。

2008 年，经国家发改委批准，对水库大坝进行除险加固。2012 年除险加固工程通过竣工验收，并于同年 9 月首次通过汛期考验。经过除险加固后，水库工程可以达到设计防洪标准。依据相关规定要求水库按照五年一次开展安全鉴定工作，水库将严格执行。

管理处 2013 年编制《管理处防汛抗旱岗位责任制》，并于 2015 年进行修编，明确了领导及各部门在防汛抗旱期间的责任，实现了统一领导、分工负责，为防汛抗旱抢险工作顺利开展奠定了基础。

管理处设立安全监督检查组，不定时对水库枢纽运行情况进行安全监督检查，特别是对水库大坝工程机电设施进行了安全生产监督检查。并着力加强施工现场安全管理，并对于在建工程作验收前的查验，不符合质量标准的要求返工；落实施工现场安全责任，安全措施落到实处；加强施工现场负责人和施工人员安全教育，以确保安全形势良好。

管理处制定了《防地震地质灾害应急预案》《管理处 2015 年度防汛应急预案》《管理处水电站安全生产预案》，以及反恐、水污染等应急预案。

——评析——

水库安全运行可靠，未发生安全责任事故。管理处需编制安全管理责任制文件，明确职责并落实到位，健全完善安全管理应急预案。

安全管理三级指标得分统计见表 6-2 所列，其中优秀赋 95 分、良好赋 85 分、一般赋 75 分、合格赋 65 分、不合格赋 50 分，乘以对应权重可得该三级指标最后得分，加权平均得出二级指标总分。

表 6-2　安全管理三级指标得分统计

序号	三级指标	等级	权重	得分
1	工程达到设计防洪标准	优秀	0.03	2.85
2	按相关规定要求定期开展安全鉴定工作	优秀	0.03	2.85
3	落实防汛和安全管理责任制	优秀	0.03	2.85

（续表）

序号	三级指标	等级	权重	得分
4	制定安全管理应急预案	优秀	0.03	2.85
5	在设计标准情况下，未发生工程安全或其他重大安全责任事故	优秀	0.06	5.70
安全管理总分				17.1

3. 运行管理

——**现状**——

（1）日常管理规范

管理处日常巡查频率大约 10 天一次，在春节、元旦、国庆节、中秋节等节前实行安全监督检查。此外，针对大坝位移等工程安全测量工作都坚持做到每周测查一次。在巡查中做好巡查记录，如发现问题与隐患等及时处理并上报。

管理处为加强水法规宣传、不断强化科学治水和依法管水能力，单独设立水政科。水政科主要负责：水行政执法、水资源管理、水土及山林资源管理、规费执收、法律事务、治安保卫等。水法规宣传的工作由水政科与办公室共同承担，定期组织管理人员学习水法规。管理人员做到熟悉水法规，有一定的辨析能力并依法管理。以《中华人民共和国水法》《中华人民共和国水土保持法》《中华人民共和国防洪法》《中华人民共和国水污染防治法》等水利法律、法规为依据，对于非法采砂、污染水源等违法行为坚决打击，严禁建设项目非法侵占水库水域、岸线，落实最严格的水资源管理制度，增强水旱灾害应对与综合防御能力、水资源合理调配与高效利用能力、水生态环境保护与修复能力、科学治水与依法管水能力，确保防洪安全、供水安全和生态安全。2011 年被省水利厅办公室授予"2010 年度全省水利政务信息工作先进集体"。2012 年被县委、县人民政府授予"依法治县和法制宣传教育先进集体"。2013 年管理处被省水利厅办公室授予"2012 年度全省水利政务信息工作先进集体"。

管理处在水库周围设立了醒目的水法规、安全注意事项等宣传标语标牌。

为加强水生态文明建设，管理处配合有关部门对水环境进行保护和监督，核查库内阻水生物、建筑物的数量、位置、设障单位等，保障水库涵养水源、平衡生态环境的功能。

接到上级调度命令时，管理处立即全面有效执行，执行效果好。

管理处对于管理、机械、应用系统等建立了操作规程，操作人员做到按章操作。对于每台重要机械都作好标签，责任到人。

管理处操作人员每天工作都会兼任维修养护的查勘工作，发现问题及时上报。

各科室分工负责，责任范围内按规定及时上报有关报告、报表。

（2）工程养护质量

工程表面有微量混凝土开裂，无大面积缺损、无坍塌、无松动，整洁美观。坝顶路面整洁、无破坏，满足防汛抢险通车要求。路面完整、平坦，雨后积水能及时排除。经过除险加固后建筑物及金属结构符合安全运行要求、运转灵活。混凝土表面有微量老化、破损现象。坝身与建筑物连接可靠，结合部目前没有发现隐患，但是有少量渗漏现象。目前没有发现对大坝产生危害的动物。管理处每周一次测量坝体后移量。对于金属结构、机电设备定期维护并考核，发现隐患及时检修维护。

（3）标志标牌齐全

管理处设置各类工程管理标志标牌，并用中英文双语标注，简洁醒目。

（4）工程观测

管理处定期测量水文、气象、水库淤积等情况，及时分析观测资料，随着信息化发展，观测精度和分析能力将更高。观测设施完好率较好。

（5）环境整洁美观

管理处保洁绿化工作实行社会化服务，做到管理范围内（包括水土环境）环境整洁美观，先后多次被省委省政府、市委市政府、省水利厅授予"文明单位"称号。

——评析——

管理处在运行管理中依据相关法律、规定做好本职工作，做到了日常管理规范化、工程养护高质量、标志标牌基本齐全、工程观测按时按质，环境整洁美观。

运行管理三级指标得分统计见表 6-3 所列，其中优秀赋 95 分、良好赋 85 分、一般赋 75 分、合格赋 65 分、不合格赋 50 分，乘以对应权重可得该三级指标最后得分，加权平均得出二级指标总分。

表 6-3　运行管理三级指标得分统计

序号	三级指标	等级	权重	得分
1	制定年、月及日常巡查工作计划	优秀	0.02	1.90

（续表）

序号	三级指标	等级	权重	得分
2	巡查记录规范，有处理意见，按规定期限向有关部门报送巡查报表	优秀	0.02	1.90
3	定期组织水法规学习培训，管理人员熟悉水法规及相关法规，做到依法管理	优秀	0.02	1.90
4	水法规等标语、标牌醒目	优秀	0.02	1.90
5	水文化建设	良好	0.02	1.70
6	配合有关部门对水环境进行有效保护和监督	优秀	0.01	0.95
7	对河湖内阻水生物、建筑物的数量、位置、设障单位等情况清楚	优秀	0.02	1.90
8	执行上级调度命令情况	优秀	0.015	1.43
9	管理技术操作规程健全，按章操作	优秀	0.015	1.43
10	及时开展维修养护，记录规范	优秀	0.01	0.95
11	按规定及时上报有关报告、报表	优秀	0.01	0.95
12	定期开展工程鉴定	优秀	0.02	1.90
13	工程整洁美观	优秀	0.02	1.90
14	工程符合安全运行要求	优秀	0.02	1.90
15	定期开展害堤动物防治检查和防治	优秀	0.02	1.90
16	定期探查工程隐患	优秀	0.02	1.90
17	定期开展金属结构、机电设备维护考核	优秀	0.02	1.90
18	各类工程管理标志、标牌（里程桩、禁行杆、分界牌、疫区标志牌、警示牌、险工险段及工程标牌、工程简介牌、功能区标识等）齐全、	优秀	0.02	1.90
19	各类工程管理标志、标牌（同上）醒目	优秀	0.02	1.90
20	各类工程管理标志、标牌（同上）美观	优秀	0.02	1.90
21	熟悉掌握工程基本情况，按要求对工程及河势进行观测	优秀	0.03	2.85
22	观测资料及时分析，整编成册	优秀	0.02	1.90
23	观测设施完好率达到90%以上	优秀	0.05	4.75

（续表）

序号	三级指标	等级	权重	得分
24	管理范围内整洁美观	优秀	0.02	1.90
25	管理范围水面无漂物和有害水草	优秀	0.02	1.90
26	管理范围陆域无垃圾	优秀	0.02	1.90
运行管理总分				48.85

4. 经济管理

——现状——

电站每年发电约为一亿千瓦时，经济效益约为 4000 万元。运行多年的实践表明，每年发电收入尚可维持人员工资等基本支出和简单的日常维护费用。管理处为纯公益性水利工程管理单位，经核定的水利工程维修养护费用足额到位。除险加固与更新改造由国家财政厅拨款 1.92 亿。年度预算上报主管部门后于次年批准及发放，但是对水库工程的大修和必要的更新改造经费不足。

管理处严格执行财务会计制度，无违规违纪行为，开支合理。

——评析——

管理处管理经费开支合理，无违规违纪行为，但管理经费不足。

经济管理三级指标得分统计见表 6-4 所列，其中优秀赋 95 分、良好赋 85 分、一般赋 75 分、合格赋 65 分、不合格赋 50 分，乘以对应权重可得该三级指标最后得分，加权平均得出二级指标总分。

表 6-4　经济管理三级指标得分统计

序号	三级指标	等级	权重	得分
1	管养分离设置合理，购买服务程序规范	良好	0.05	4.25
2	维修养护、运行管理费用来源渠道畅通，"两费"及时足额到位	良好	0.03	2.55
3	有主管部门批准的年度预算计划	优秀	0.03	2.85
4	经费管理规范，严格执行财务会计制度，无违规违纪行为	优秀	0.03	2.85
经济管理总分				12.50

6.2.2　水利工程设施设备管理体系

——现状——

1. 水库工程除险加固、更新改造的实施情况和效果

水库大坝于 1956 年正式动工，1958 年建成蓄水，1959 年并网发电。由于当时设计和建设标准不高，施工技术和条件有限，再加上历经半个多世纪的运行，工程老化现象严重，存在诸多安全隐患：存在径向贯穿性裂缝、金属结构严重老化、部分防洪帷幕失效等。大坝于 2003 年 12 月被专家组初步认定为三类坝，次年 5 月，经水利部大坝安全管理中心复核为三类病险坝。

2008 年，国家发改委、水利部先后对水库除险加固工程可研报告、工程初步设计进行了批复。根据设计，水库除险加固工程按照防洪标准达到 5000 年一遇校核要求进行，包括：大坝加固、老泄洪洞加固、引水发电隧洞进口段加固、新建溢洪道、新建泄洪洞、新建右岸上坝公路和交通桥、电工设备及金属结构更新改造、新增和完善工程观测设施等，重点是消除大坝自身结构缺陷及存在的安全隐患，通过扩建泄洪设施，保证水库工程按现行防洪标准安全运行。批复工程总投资 19295 万元。水库病险现状，致使整个加固工程施工难度大、安全隐患多，参建单位按照"百年大计、质量第一"的理念，严格实行施工单位保证、监理单位控制、建设单位负责的三级质量管理体系，认真落实工程质量"三检制"，主动接受质量监督管理。经过项目法人、施工、设计、监理等单位的通力配合，全力攻坚，到工程验收为止，质量评定合格率为 100%，实现工程质量零事故。

2010 年底，水库除险加固主体工程投入使用；2012 年 4 月，除险加固 5 个单位工程全部完工；2012 年 7 月，水库除险加固工程顺利通过竣工验收。

除险加固工程完工后的第一个汛期，水库工程整体运行状况良好，经受住台风"苏拉""海葵"带来的暴雨洪水考验，未发生重大险情和安全事故，顺利通过工程竣工验收后的首年主汛期。

工程竣工后，消除了大坝自身结构缺陷及存在的安全隐患；提高了水库泄洪能力，蓄洪水位以下可为淮河干流承担 5 亿 m^3 蓄洪任务，并保证水库大坝满足 5000 年一遇防洪标准，其 500 年一遇和 5000 年一遇的设计洪峰流量分别为 15220m^3/s 和 21500m^3/s；大坝地震设计烈度提高 1 度，按 8 度地震烈度进行抗震设计。在防洪、灌溉、城市供水、涵养水源、保护生态等等综合效益明显提高。

水库大坝除险加固工程的实施，水库的防洪能力得到提高，特别是增强了淮河干流的蓄洪调峰能力，保证了水库的安全运行和下游人民生命财产的安全，为进一步发挥水库的防洪减灾效益奠定了基础。

2. 水库管理养护水平

管理处定时按照《水库管理处防汛工作预案》及《管理处水电站安全生产预案》设定的规程部署安全隐患排查整改工作，重点对水工程及相关设备设施的安全状态、发输电设备安全状况逐项进行检查、分析，并对已发现的安全隐患开展整改工作。

3. 工程设计能力达标水平

水库是多年调节水库 26.32 亿 m^3，水库五百年一遇设计洪水位141.30m，五千年一遇校核洪水位143.37m。防洪高水位132.60m 时，对应蓄水 17.25 亿 m^3。死水位为 100.00m，对应蓄水 2.34 亿 m^3。水库水位达汛限水位125.00m 高程时，蓄水 12.27 亿 m^3，水库水面面积达59.21km^2。水库正常蓄水位为128.00m，蓄水 14.13 亿 m^3。

水库防洪库容4.76 亿 m^3，调洪库容14.05 亿 m^3，兴利库容9.93 亿 m^3，百年一遇的洪水，除下泄发电用水外可全部拦蓄；千年一遇洪水，可将洪峰流量由9810m^3 每秒削减到1370m^3/s；万年一遇的洪水，可将洪峰流量由13320m^3/s 削减到1420m^3/s。1969 年 7 月 21 日，入库洪峰流量10200m^3/s，水库为淮河干流错峰蓄洪 9.1 亿 m^3，削减洪峰98.7％。1991年，淮河流域特大洪水，入库洪峰流量4750m^3/s，为淮河错峰拦截洪水10.85 亿 m^3，削减洪峰91.4％，最高洪水位134.17m，为历史最高。

2003 年淮河流域特大洪水，入库洪峰流量5810m^3/s，7 月 5 日和 7 月 8 日两次洪水过程，水库分别拦蓄洪水 0.86 亿 m^3 和 4.57 亿 m^3，总量达5.43亿 m^3，两次分别削减洪峰93.4％和83.4％。

2005 年 13 号台风暴雨造成的入库洪峰流量6460m^3/s，入库总量5.1 亿m^3，水库为淮河干流蓄洪错峰 4.51 亿 m^3，削减洪峰88.4％，为淮河干流的抗洪安全，发挥了重大作用。

4. 水库观测设施

主要包括：大坝安全检测设施；溢洪道闸门操作运行实时监视系统；水文自动测报系统；其他观测设施。这些设施的状态和技术性能良好。

5. 水利工程设施设备管理体系

（1）水库大坝

① 坝身断面

坝身断面、护坝地（面积）保持设计和竣工验收的尺度；坝肩线直、弧圆，坝坡平顺；除险加固与更新改造之前大坝存在径向贯穿性裂缝，经除险加固后坝身无裂缝、冲沟、洞穴，无杂物垃圾堆放。

② 坝顶道路

坝顶路面平整、无坑、无明显凹陷和波状起伏，满足防汛抢险通车要求。

③ 大坝防护工程

土工布、混凝土护坡、草皮护坡等防护工程无缺损、无松动。

④ 生物防护工程

工程管理范围内的宜绿化面积绿化率超过 95％；树、草种植合理，宜植防护林的地段能形成生物防护体系；坝坡草皮整齐；坝肩草皮每侧宽 0.5m 以上；林木缺损率小于 5％，无病虫害。

⑤ 排水系统

排水沟、减压井、排渗沟齐全、畅通，沟内无杂草、杂物，无堵塞、破损现象。

⑥ 观测设施

观测设施目前先进性、自动化程度不高。观测设施完好率较高。

⑦ 管理辅助设施

各类标志标牌醒目美观，较为齐全。

（2）水闸工程

① 闸门

经过精心维修养护，闸门表面无明显锈蚀，止水装置密封可靠，钢门体的承载构件无变形，运转部位的加油设施完好、畅通。

② 启闭机

启闭机外观完好，控制系统动作可靠，传动件传动部位保持润滑，润滑系统注油设施可靠，开高及限位装置准确可靠。

③ 机电设备及防雷设施

各类电气设备、避雷设施符合规定，没有设置指示仪表；各类线路保持畅通，无安全隐患；备用发电机维护良好，能随时投入运行。

④ 土工建筑物

堤（坝）无雨淋沟、渗漏、裂缝、塌陷等缺陷；岸、翼墙后填土区无跌落、塌陷。

⑤ 石工建筑物

砌石护坡、护底有少量松动、塌陷等缺陷；防汛道路岸坡局部有错动；

防冲设施（防冲槽、海漫等）无冲刷破坏；反滤设施、减压井、导渗沟、排水设施等保持畅通。

⑥ 混凝土建筑物

混凝土结构表面整洁，无脱壳、剥落、露筋、裂缝等现象；伸缩缝填料无流失。

⑦ 观测设施

观测设施先进、自动化程度较高，完好率较好。

——评析——

大坝按规划设计标准正常运行；防御洪水能力和水库蓄水能力均能达到设计标准要求。

通过水库工程除险加固与更新改造的实施以及日常养护，大坝、溢洪道、闸门机电设备、电站发电设施等工程设施状态良好、技术性能完好。观测设施的状态和技术性能良好。

水库大坝、水闸工程三级指标得分统计见表 6－5、表 6－6 所列，其中优秀赋 95 分、良好赋 85 分、一般赋 75 分、合格赋 65 分、不合格赋 50 分，乘以对应权重可得该三级指标最后得分，加权平均得出二级指标总分。

表 6－5　水库大坝三级指标得分统计

序号	三级指标	等级	权重	得分
1	坝身断面、护坝地（面积）保持设计或竣工验收的尺度	优秀	0.10	9.50
2	坝肩线直、弧圆，坝坡平顺	优秀	0.05	4.75
3	坝身无裂缝、冲沟、洞穴，无杂物垃圾堆放	优秀	0.08	7.60
坝身断面完好率总分				21.85
1	坝顶路面满足防汛抢险通车要求	优秀	0.07	6.65
2	路面完整、平坦、无坑、无明显凹陷和波状起伏	优秀	0.05	4.75
坝顶道路完好率总分				11.40
1	土工布、混凝土护坡、草皮护坡等防护工程无缺损	优秀	0.08	7.60
2	土工布、混凝土护坡、草皮护坡等防护工程无松动	优秀	0.07	6.65

（续表）

序号	三级指标	等级	权重	得分
	大坝防护工程完好率总分			14.25
1	工程管理范围内的宜绿化面积绿化率	优秀	0.03	2.85
2	树草种植合理，宜植防护林的地段能形成生物防护体系	优秀	0.03	2.85
3	坝坡草皮整齐，无高秆杂草	优秀	0.03	2.85
4	坝肩草皮（有堤肩边埂的除外）每侧宽 0.5m 以上	优秀	0.03	2.85
5	林木缺损情况，无病虫害	优秀	0.03	2.85
	生物防护工程完好率总分			14.25
1	排水沟、减压井、排渗沟齐全、畅通	优秀	0.05	4.75
2	排水沟、减压井、排渗沟沟内无杂草、杂物	优秀	0.05	4.75
3	排水沟、减压井、排渗沟无堵塞、破损现象	优秀	0.05	4.75
	排水系统完好率总分			14.25
1	观测设施先进，自动化程度高	优秀	0.04	3.80
2	应具备的观测设施完好率	优秀	0.06	5.70
	观测设施完好率总分			9.5
1	各类工程管理标志、标牌（里程桩、禁行杆、分界牌、疫区标志牌、警示牌、险工险段及工程标牌、工程简介牌等）齐全	良好	0.04	3.40
2	各类工程管理标志、标牌（同上）醒目	良好	0.03	2.55
3	各类工程管理标志、标牌（同上）美观	良好	0.03	2.55
	管理辅助设施完好率总分			8.5

表 6-6　水闸工程三级指标得分统计

序号	三级指标	等级	权重	得分
1	闸门表面无明显锈蚀	优秀	0.04	3.80
2	闸门止水装置密封可靠	优秀	0.08	7.60
3	钢门体的承载构件无变形	优秀	0.12	11.40
4	运转部位的加油设施完好、畅通	优秀	0.06	5.70

（续表）

序号	三级指标	等级	权重	得分
	闸门总分			28.50
1	启闭机外观完好，控制系统动作可靠	优秀	0.06	5.70
2	传动件传动部位保持润滑	优秀	0.02	1.90
3	润滑系统注油设施可靠，开高及限位装置准确可靠	优秀	0.12	11.40
	启闭机总分			19.00
1	各类电气设备、指示仪表、避雷设施符合规定	良好	0.03	2.55
2	各类线路保持畅通，无安全隐患	优秀	0.03	2.85
3	备用发电机维护良好，能随时投入运行	优秀	0.04	3.80
	机电设备及防雷设施总分			9.20
1	堤（坝）无雨淋沟、渗漏、裂缝、塌陷等缺陷	不合格	0.05	2.00
2	岸、翼墙后填土区无跌落、塌陷	不合格	0.05	2.00
	土工建筑物总分			4.00
1	砌石护坡、护底无松动、塌陷等缺陷	良好	0.02	1.70
2	浆砌块石墙身无渗漏、倾斜或错动，墙基无冒水冒沙现象	良好	0.02	1.70
3	防冲设施（防冲槽、海漫等）无冲刷破坏	优秀	0.03	2.85
4	反滤设施、减压井、导渗沟、排水设施等保持畅通	优秀	0.03	2.85
	石工建筑物总分			9.10
1	混凝土结构表面整洁，无脱壳、剥落、露筋、裂缝等现象	优秀	0.07	6.65
2	伸缩缝填料无流失	优秀	0.03	2.85
	混凝土建筑物总分			9.50
1	观测设施先进、自动化程度高	良好	0.04	3.40
2	应具备的观测设施完好率	良好	0.06	5.10
	观测设施总分			8.50

6.2.3 水利工程信息化管理体系

1. 信息基础设施

——现状——

水库水利信息化建设起步于 1998 年，目前信息化基础设施已初具规模。

信息采集：5 处水位采集、9 处雨量采集、12 处视频监控采集。

工程自动监控系统：现有远程视频监视系统，视频监控采集点 12 个，实现了水库管理处对溢洪道上、下游，新、老泄洪洞以及大坝的远程视频监控。初步建设了闸门自动监控系统、水情自动测报系统、大坝安全监测自动化系统。

网络建设：局域网和门户网已建在用，通信系统实现了光纤互联。

管理处尚未成立专门的水利信息化工作机构，从事信息化建设的专业人员不足。

——评析——

在信息化管理方面要建成水利工程管理现代化管理单位，尚需进一步完善：

（1）信息采集需要及时检查并修复已损坏采集点、酌情在重点工程及节点新增采集点，并做好日常养护管理工作；远程视频监视点数量少，重点工程、重要节点自动监控覆盖率不够。

（2）自动监控系统基本实现了主要闸门、大坝等水利工程的管理自动化，需进一步增加数量，提高自动监控覆盖率。

（3）网络建设需拓宽覆盖范围（包括各重点工程区域及办公业务需求）和带宽，形成更为完善的局域网，并与省防汛抗旱通信骨干网实现互联互通实现各重点工程区域的通信网络覆盖。

（4）成立专门的水利信息化工作机构，形成一支高素质的信息化建设管理队伍，适应信息化系统建设管理和运行维护的需求。

信息基础设施三级指标得分统计见表 6-7 所列，其中优秀赋 95 分、良好赋 85 分、一般赋 75 分、合格赋 65 分、不合格赋 50 分，乘以对应权重可得该三级指标最后得分，加权平均得出二级指标总分。

表 6-7　信息基础设施三级指标得分统计

序号	三级指标	等级	权重	得分
1	数据采集	良好	0.09	7.65

（续表）

序号	三级指标	等级	权重	得分
2	工程自动监控系统	良好	0.09	7.65
3	网络建设	良好	0.09	7.65
4	信息化管理机构（或人员）	良好	0.09	7.65
信息基础设施总分				30.60

2. 水利信息资源

——现状——

水文数据：水库控制流域内及周边的水文测站 18 个，其中库区 17 个，坝区内 1 个，观测雨量和水位。水文测站的报汛方式是电话报汛，电台备用；洪水预报方案采用降雨径流关系，预见期为 6 个小时，预报精度为乙类。

水情测报：水库控制流域内及周边的水情自动测报系统测站 5 个，其中库区内 4 个遥测站，坝区内 1 个有线站，另外设有 5 个水位测站用于观测雨量和水位。水情自动测报系统的报汛方式是自动遥测报汛；洪水预报方案采用降雨径流关系，预见期为 48 小时，预报精度为 80%。

大坝安全测报：主要观测项目有库水位、水温、气温、垂线、沉陷、扬压力、坝基排水量、绕坝渗流、砼温度、基岩温度和 F2 断层，共有 230 多个测点；坝基扬压力分别布置在 6、9、10、11、12、14、16、18、20 共 9 个测压断面；坝基共设有 60 个排水孔，用容积法施测；在两岸坝肩共设有 29 个绕坝渗流孔；在 15 坝段不同高程分六层布置有 32 只砼温度计，并在坝前设水温测线一条；在 F2 断层上下盘上设有长短杆位移计、三向测缝计、剪切位移计等。

闸门计算机监控系统，实现了闸门水情工程信息的自动采集、处理和远程传输。

——评析——

已建雨量和水位自动测报站采集点的密度较低，不能有效地全面掌握暴雨洪水的时空分布，不能适应新形势下防洪预警的要求。信息采集的可靠性和时效性有待进一步提高。

大坝安全监测系统投入运行后，初步实现了坝体水平位移、渗透压力、绕坝渗流、坝体裂缝和坝体温度等信息的自动采集、处理，需进一步改进完善。闸门计算机监控系统目前已投入使用，但存在部分功能欠缺现象，需根据水利工程管理现代化建设的整体要求进一步改进完善。

由于尚未建立水利信息管理系统，目前各种监测数据没有统一整合，存在基础数据不足、储存分散、管理不到位、安全性不高、数据利用率低等问题，无法有效支撑业务应用系统的进一步开发和利用。

地理信息系统尚未建立。

水利信息资源三级指标得分统计见表6-8所列，其中优秀赋95分、良好赋85分、一般赋75分、合格赋65分、不合格赋50分，乘以对应权重可得该三级指标最后得分，加权平均得出二级指标总分。

表6-8 水利信息资源三级指标得分统计

序号	三级指标	等级	权重	得分
1	水文数据	良好	0.09	7.65
2	工程观测数据	良好	0.09	7.65
3	运行管理数据	良好	0.09	7.65
4	地理信息数据	不合格	0.09	4.50
水利信息资源总分				27.45

3. 业务应用系统

——现状——

水利信息综合服务系统：目前已建有单位门户网站、视频会议系统，实现水库部分水文（情）、工情等信息的在线发布与查询，实现了管理处与省水利厅的异地视频会商。

调度运行指挥系统：初步建立了防汛调度自动化体系，建成洪水预报及信息服务、防汛会商等应用系统。

水利工程和河湖资源管理系统：水资源管理、水质监测和评价、水利工程管理等业务应用系统建设尚未开展。

——评析——

应用系统建设不足，应用不够广泛。需要完成信息共享与交换系统、信息服务与发布系统、电子政务服务体系等。电子政务服务体系建议建设综合办公自动化系统（OA系统）。在实现信息共享及服务的同时应建设信息安全防护体系，实现水利网络与信息的安全管理。

目前，水库防汛调度自动化系统尚不够完善，仅完成水库信息查询等部分功能，需进一步提高水库防汛抗旱调度的应急管理能力、预警预报能力和决策指挥能力。

工程管理方面需开展工程管理系统建设，包括水利工程基本信息、规划设计、工程项目管理、建设管理系统等应用系统，提高信息化与管理水平。河湖资源管理特别是水土资源，需保障实施最严格的水资源管理制度，建设水资源管理信息系统、水土保持监测与管理信息系统。

业务应用系统三级指标得分统计见表 6-9 所列，其中优秀赋 95 分、良好赋 85 分、一般赋 75 分、合格赋 65 分、不合格赋 50 分，乘以对应权重可得该三级指标最后得分，加权平均得出二级指标总分。

表 6-9　业务应用系统三级指标得分统计

序号	三级指标	等级	权重	得分
1	水利信息综合服务	不合格	0.10	5.00
2	调度运行指挥系统	合格	0.10	6.50
3	水利工程和河湖资源管理系统	不合格	0.08	4.00
业务应用系统总分				15.50

6.2.4　水利工程调度运行及应急处理能力体系

1. 指挥决策科学化

——现状——

管理处二级机构设立工程科，主要负责防汛抗旱、安全、生产、技术、工程管理、水库调度、通信管理、信息及网络管理、材料、计划、统计、水工维护、水工观测、水情测报、闸门潜水、机电运行等工作。

防汛抗旱工作领导组下设防汛办公室，主要负责：

（1）汛期防汛值班和例会召开；执行上级调度命令，落实、检查全处防汛抗旱相关工作；与上级及水库上、下游有关市、县防汛指挥部门的调度联络。

（2）编制上报防汛抗旱工作计划和防洪度汛应急预案，提出各部门防汛抗旱责任和要求，汛后拟写防汛工作总结。

（3）掌握库区和关联水库的雨情、水情，关注相关媒体的气象信息，密切监视暴雨、台风动向。

（4）当水库汛情紧张、预报可能泄洪时，提前预通知相关部门、单位做好泄洪影响范围内的安全防范工作；当接到水库泄洪调度命令时，立即电话通知相关县、乡镇、单位、部门，在要求的时间、范围内，安全撤离人员、设备，并现场查看工区内至响蓄公司下坝之间的安全撤离情况。

（5）汛前汛后调查上、下游情况；汛期与水文、气象部门联系；填写泄洪闸门启闭通知单，经防汛工作领导组长或副组长审批后，下达执行。

（6）及时申报补充防汛抢险物资耗材。

（7）参与抢险方案的制定与组织协调工作。

（8）防汛值班制度：汛期 5 月 1 日—9 月 30 日，防汛抗旱办公室实行 24 小时防汛值班和领导 A、B 岗带班；管理处防汛工作领导组、督查组不定期对防汛值班情况进行检查和抽查。

经批准的汛期水库调度运用计划：5 月 1 日—9 月 30 日，汛期限制水位 125.00m，蓄水量为 12.27 亿 m³。正常高水位为 128.00m，蓄水量为 14.13 亿 m³。防洪标准：5000 年一遇。汛期控制运用指标：库水位 125.00m 以上，预留 5.0 亿 m³ 库容担负淮河干流蓄洪任务。库水位超过 125.00m、低于 132.63m 时，视淮河干流水情泄洪；库水位超过 132.63m、低于 140.33m 时，视情控制水库泄洪流量原则上不大于 1100m³/s；库水位超过 140.33m 时，视情全开泄洪设施泄洪。水库保护对象为大坝。水库调度权限属省防指，执行部门是管理处、上下游各级地方政府。

库区和关联水库的雨情、水情，相关媒体的气象信息，暴雨、台风动向等调度运行基本信息实时性较高，洪水预报精度为乙类。

——评析——

建议单独成立防汛办公室、人事教育处、监察室。办公设施需继续添置完善。防汛值班制度执行情况好。调度指令执行力强。现有汛期水库调度运用计划，需建立健全调度运用方案。调度运行基本信息实时程度需要进一步提高。

指挥决策科学化三级指标得分统计见表 6-10 所列，其中优秀赋 95 分、良好赋 85 分、一般赋 75 分、合格赋 65 分、不合格赋 50 分，乘以对应权重可得该三级指标最后得分，加权平均得出二级指标总分。

表 6-10 指挥决策科学化三级指标得分统计

序号	三级指标	等级	权重	得分
1	组织机构完善程度	优秀	0.04	3.80

（续表）

序号	三级指标	等级	权重	得分
2	岗位设置合理程度	良好	0.04	3.40
3	办公设施齐全程度	良好	0.04	3.40
4	防汛值班制度执行情况	优秀	0.04	3.80
5	建立健全调度运用方案	良好	0.08	6.80
6	调度指令的执行力	优秀	0.08	7.60
7	调度运行基本信息适时性程度	良好	0.04	3.40
指挥决策科学化总分				32.20

2. 应急处置规范化

——**现状**——

（1）日常检查

工程管理科（防汛办公室）每周进行一次巡视检查，密切注视大坝运行状态，发现险情立即上报，并采取必要的应急措施。

维修养护公司负责常规电站、蓄能电站机电设备及备用发电机（包括蓄能下坝备用发电机）的检修、维护，确保泄洪洞工作闸门正常启闭。在 5 月 1 日将泄洪洞上游检修闸门提启到正常防汛位置。

实业总公司负责各条供电的巡查、维护，确保上、下库闸门启闭机的正常供电，负责防汛器材的供应、储备及防汛车辆的使用。

生产运行部负责机组安全运行和蓄能施工支洞抽排渗漏水，并制订高水位下机组运行措施；加强通信线路的巡查与维护，确保对内、对外的通讯畅通。

5 月 1 日—9 月 30 日，泄洪设施运行维护单位定期进行设备检查、预试，处防汛工作领导组、督查组不定期对泄洪设施运行维护情况进行检查和抽查。

（2）险情监测和巡查

在汛期，规定水库工程险情监测的主要内容是左坝肩绕渗、F2 断层及其锚索测力计、水平位移、垂直位移、坝基扬压力、雨水情；巡视的主要内容是大坝的径向裂缝情况、F2 断层的稳定情况、溢洪道、泄洪洞、发电洞的闸门及闸门启闭设备运行情况、防汛道路畅通情况以及防汛通讯情况等。

库水位正常时，按正常监测；巡查由防办组织有关技术人员每月进行两次（间隔时间不小于 10 天）。当库水位超过 128.0m，大坝监测按照加密监测的规定加密监测，巡视检查每月进行三次；当库水位超过 132.63m，监测和巡查每周进行一次。当库水位达 140.33m，派专门人员和处防汛应急抢险队实行三班制在坝区 24 小时巡查。

大坝监测、巡查工作是由管理处工程科组织专业人员进行，雨水情由管理处水文站负责，对每天监测、巡查资料做好记录，并进行会商，发现异常情况，除复测外，并立即报告管理处防汛工作领导组，防汛工作领导组进一步核查后，上报安徽省防汛抗旱指挥部。

（3）险情上报与通报：

汛期水库的水位、降雨量、入库流量、出库流量、泄洪设施的运行情况、监测和巡查情况等，根据省防指要求，以电话或传真的方式，及时上报。

（4）调度运行责任制：

管理处工程科负责水库调度、机电运行，电调服从水调；水政科负责防洪法规等安全知识的宣传、落实工作；办公室负责安全知识相关宣传、发动和督查工作。

管理处定期举办安全知识竞赛，促进工作人员理解运行安全知识。编制《水利水电安全知识》读本，并发布到管理处官网，方便工作人员随时查看学习。

依据《中华人民共和国防震减灾法》《中华人民共和国突发事件应对法》《破坏性地震应急条例》等法律条例，并结合管理处实际情况，编制了《防地震地质灾害应急预案》，成立防震应急工作领导组，落实各部门职责，并定期进行地震安全演练。

依据《中华人民共和国防洪法》《中华人民共和国防汛条例》《水库大坝安全管理条例》《淮河洪水调度方案》《省实施〈中华人民共和国水法〉办法》《省实施〈中华人民共和国防洪法〉办法》等法律、法规和办法，省政府批准的"水库控制运用计划"和安徽省防汛抗旱指挥部下发的《水库防汛抢险应急预案编制大纲》以及安徽省防汛抗旱指挥部有关规定，结合水库工程实际，每年制定《管理处年度防汛应急预案》，并进行防汛抢险应急演练，明确了水库遭遇洪水时的防洪调度和险情抢护工作。

此外，管理处还制定了关于反恐、水污染等的应急预案，制定了安全规定。

——评析——

日常与专项检查科学合理，调度运行责任制全面落实，运行安全知识宣传适应性较好，应急预案建设较为齐全，水污染、防洪抗旱等执行情况良好，统计报送时效性和准确性较高。但距水利工程管理现代化要求，仍需在有关方面完善强化。

应急处置规范化三级指标得分统计见表 6-11 所列，其中优秀赋 95 分、良好赋 85 分、一般赋 75 分、合格赋 65 分、不合格赋 50 分，乘以对应权重可得该三级指标最后得分，加权平均得出二级指标总分。

表 6-11　应急处置规范化三级指标得分统计

序号	三级指标	等级	权重	得分
1	日常与专项检查情况	优秀	0.06	5.70
2	调度运行责任制全面落实	优秀	0.08	7.60
3	运行安全知识宣传适应性	优秀	0.04	3.80
4	应急预案建设及执行情况	优秀	0.08	7.60
5	统计报送时效性和准确率	优秀	0.04	3.80
应急处置规范化总分				28.50

3. 防汛抢险专业化

——现状——

根据《管理处 2015 年度防汛应急预案》和《管理处 2015 年度防汛抗旱岗位责任制》，管理处水电站负责防汛物资的充库、仓储管理和发放工作，确保仓储安全。

成立了民兵应急分队，当库水位达 135.0m 时，实行三班制在坝区 24 小时巡查值班制。

目前调度由工程科承担。

——评析——

防汛物资贮备水平较高，管理水平有待提升。队伍建设较好，保障能力较强。调度队伍建设需进一步健全完善。

防汛抢险专业化三级指标得分统计见表 6-12 所列，其中优秀赋 95 分、良好赋 85 分、一般赋 75 分、合格赋 65 分、不合格赋 50 分，乘以对应权重可得该三级指标最后得分，加权平均得出二级指标总分。

表 6-12　防汛抢险专业化三级指标得分统计

序号	三级指标	等级	权重	得分
1	防汛物资贮备及管理水平	良好	0.04	3.40
2	队伍建设与保障能力	优秀	0.08	7.60
3	建立健全调度队伍建设	良好	0.08	6.80
防汛抢险专业化总分				17.80

4. 涉河事务管理

落实省委、省政府"三边三线"部署，加大了水行政执法力度，在工程管理范围内基本上制止了私自排污、侵占河道、乱倒垃圾等违法现象。

涉河事务管理三级指标得分统计见表 6-13 所列，其中优秀赋 95 分、良好赋 85 分、一般赋 75 分、合格赋 65 分、不合格赋 50 分，乘以对应权重可得该三级指标最后得分，加权平均得出二级指标总分。

表 6-13　涉河事务管理三级指标得分统计

序号	三级指标	等级	权重	得分
1	无违法排污、私设排污口现象	良好	0.03	2.55
2	无侵占河道、乱到垃圾现象	良好	0.03	2.55
3	涉河项目按批准实施	优秀	0.04	3.80
4	采砂按批准区域开采	优秀	0.04	3.80
涉河事务管理总分				12.70

6.2.5　水生态管理体系

1. 水土流失治理

管理处认真落实"三线三边"环境整治，对于岸坡等存在的水土流失现象积极研究治理措施，在还未发生水土流失的区域通过人工栽种适宜植物进行水土流失防治。目前管理处管理范围内的水土流失总面积约为 6 万 m^2，治理率为 10％～20％。

水土流失治理三级指标得分统计见表 6-14 所列，其中优秀赋 95 分、良好赋 85 分、一般赋 75 分、合格赋 65 分、不合格赋 50 分，乘以对应权重可得该三级指标最后得分，加权平均得出二级指标总分。

表 6-14　水土流失治理三级指标得分统计

序号	三级指标	等级	权重	得分
1	水土流失治理率	合格	0.18	11.70
2	水土流失治理措施	一般	0.12	9.00
水土流失管理总分				20.70

2. 水质达标管理

水库是一座具有灌溉、供水、养殖、旅游等多种功能，水功能区级别为 I 级，是省会、水库所在地市等城市重要的饮用水源地，它和另一水库一起担负着灌区 660 万亩农田灌溉任务，属饮用水源保护区，面积约为 5921 万 m^2。水质目标为 I 类，实测水质类别为 I～II 类，水质基本达标。管理处抽水蓄能电站会对水库水质造成一定影响，尚未提出解决办法。

在生态文明建设被提上新高度的新形势下，管理处充分认识到水库在富民保安、涵养水源、保护生态等方面的重要地位，提出了建设"生态型水库"发展新思路，着力保障水库水质保持为国家 II 类标准，力求岸绿、水清、库宁，力争做到"生态为民、生态惠民、生态利民"。管理处认真贯彻落实党的十八大精神，水政科对水行政执法、水资源、水土及山林资源等进行科学有效的管理，加大库区乡镇水法规宣传教育力度，加大监管力度，加强水行政执法，全面实行最严格水资源管理制度，保护水库水资源、水生态，防治水污染，大力开展生态水库建设，努力创建省一级水工程管理单位和 4A 级风景区。

水质达标管理三级指标得分统计见表 6-15 所列，其中优秀赋 95 分、良好赋 85 分、一般赋 75 分、合格赋 65 分、不合格赋 50 分，乘以对应权重可得该三级指标最后得分，加权平均得出二级指标总分。

表 6-15　水质达标管理三级指标得分统计

序号	三级指标	等级	权重	得分
1	水质达标程度	优秀	0.18	17.10
2	水质管理措施	良好	0.12	10.20
水质达标管理总分				27.30

3. 环境管理

管理处在水库管理和保护范围内确权划界工作基本完成，确权陆域面积约为 126.58 万 m², 水域面积为 108 万 m²。水面打捞漂浮物等的保洁工作实行外包制以保证保洁效果良好, 保洁率为 100%。

环境管理三级指标得分统计见表 6-16 所列, 其中优秀赋 95 分、良好赋 85 分、一般赋 75 分、合格赋 65 分、不合格赋 50 分, 乘以对应权重可得该三级指标最后得分, 加权平均得出二级指标总分。

表 6-16 环境管理三级指标得分统计

序号	三级指标	等级	权重	得分
1	划界范围的保洁率	合格	0.07	4.55
2	确权范围的保洁率	良好	0.07	5.95
3	保洁效果	优秀	0.06	5.70
环境管理总分				16.20

4. 绿化管理

管理处绿地 (树木植被) 面积约为 41 万 m², 管理处着力开展法制宣传教育, 管理范围内树木植被无乱砍滥伐行为。

绿化管理三级指标得分统计见表 6-17 所列, 其中优秀赋 95 分、良好赋 85 分、一般赋 75 分、合格赋 65 分、不合格赋 50 分, 乘以对应权重可得该三级指标最后得分, 加权平均得出二级指标总分。

表 6-17 绿化管理三级指标得分统计

序号	三级指标	等级	权重	得分
1	划界范围绿化覆盖率	合格	0.07	4.55
2	确权范围绿化覆盖率	优秀	0.07	6.65
3	绿化效果	优秀	0.06	5.70
绿化管理总分				16.90

6.3 管理现代化进展评价

6.3.1 二级指标评价

由表 6-1～表 6-17 可统计得出五项一级指标的综合分值与实现程度。

1. 水利工程规范化管理体系

表 6-18　水利工程规范化管理体系得分统计

序号	二级指标	权重	相应分值
1	组织管理	0.16	15.0
2	安全管理	0.18	17.1
3	运行管理	0.52	48.9
4	经济管理	0.14	12.4

该一级指标综合分值为 93.4，目标值为 100.0，则实现程度为 93.4%

2. 水利工程设施设备管理体系

(1) 水库大坝

表 6-19　水库大坝二级指标得分统计

序号	二级指标	权重	相应分值
1	坝身断面	0.23	21.9
2	坝顶道路	0.12	11.4
3	大坝防护工程	0.15	14.3
4	生物防护工程	0.15	14.3
5	排水系统	0.15	14.3
6	观测设施	0.10	9.5
7	管理辅助设施	0.10	8.5

该一级指标综合分值为 94.0，目标值为 95.0，则实现程度为 98.9%

(2) 水闸工程

表 6-20　水闸工程二级指标得分统计

序号	二级指标	权重	相应分值
1	闸门	0.30	28.5
2	启闭机	0.20	19.0
3	机电设备及防雷设施	0.10	9.5
4	土工建筑物	0.10	9.5
5	石工建筑物	0.10	9.5
6	混凝土建筑物	0.10	9.5
7	观测设施	0.10	9.5

该一级指标综合分值为 87.8，目标值为 95.0，则实现程度为 92.4%

因水利工程设施设备管理体系中水库大坝与水闸工程权重分别为 0.8 和 0.2，故该一级指标最终分值为 $0.8 \times 94.0 + 0.2 \times 87.8 = 92.8$ 分，实现程度为 97.6%。

3. 水利工程信息化管理体系

表 6-21　水利工程信息化管理体系得分统计

序号	二级指标	权重	相应分值
1	信息基础设施	0.36	30.6
2	水利信息资源	0.36	27.45
3	业务应用系统	0.28	15.5

该一级指标综合分值为 73.6，目标值为 90.0，则实现程度为 81.7%

4. 水利工程调度运行及应急处理能力体系

表 6-22　水利工程调度运行及应急处理能力体系得分统计

序号	二级指标	权重	相应分值
1	指挥决策科学化	0.36	32.2
2	应急处置规范化	0.30	28.5
3	防汛抢险专业化	0.20	17.8
4	涉河事务管理	0.14	12.7

该一级指标综合分值为 91.4，目标值为 100.0，则实现程度为 91.4%

5. 水生态管理体系

表 6-23　水生态管理体系得分统计

序号	二级指标	权重	相应分值
1	水土流失治理	0.20	20.7
2	水质达标管理	0.20	27.3
3	环境管理	0.30	16.2
4	绿化管理	0.30	16.9

该一级指标综合分值为 81.1，目标值为 95.0，则实现程度为 85.4%

6.3.2　综合评价

表 6-24　某水库管理处综合得分统计

序号	一级指标	权重	目标值	现状值	实现程度
1	水利工程规范化管理体系	0.30	100	93.4	93.4%
2	水利工程设施设备管理体系	0.25	95	92.8	97.6%
3	水利工程信息化管理体系	0.15	90	73.6	81.7%
4	水利工程调度运行及应急处理能力体系	0.20	100	91.4	91.4%
5	水生态环境管理体系	0.10	95	81.1	85.4%
管理处管理现代化综合得分为 88.7，实现程度为 91.5%					

6.3.3　分析评价总结

（1）管理处管理现代化综合实现程度为 91.5%，大于 90%，属于基本实现现代化，表明管理处在管理现代化建设总体上取得了显著成效；但由于一级指标中"信息化管理体系"实现程度为 81.7%，低于初步实现现代化的要求，故最终评价结果为未实现管理现代化。

（2）一级指标中有"规范化管理体系"、"设施设备管理体系"和"调度运行及应急处理能力体系"三项实现程度超过 90%，其中"设施设备管理体系"得分最高，实现程度接近 100%。表明水库工程设施状态和技术性能完好，工程防洪兴利运用均能达到设计标准要求，规范化、制度化、现代化的管理水平得到很大提高，也取得了良好的管理效果。

（3）一级指标中"水生态环境管理体系"实现程度为 85.4%，虽然已达到初步实现现代化水平，但低于水库管理现代化综合实现程度，故在美化工程管理范围内景观，发挥工程生态效益方面还有进一步提升空间。

（4）一级指标中"信息化管理体系"实现程度为 81.7%，未达到初步实现现代化标准，是水库管理处管理现代化发展的短板。

第7章 水闸管理现代化进展实例分析评价

选取某闸作为典型工程进行实例分析，结合该闸管理处的实践和现代化建设情况，对照和应用水利工程管理现代化评价指标体系和评价方法，对其管理现代化建设进展作分析评价。主要内容：（1）管理现代化评价指标与权重选择；（2）管理现代化评价指标达到水平评析；（3）管理现代化进展评价。

7.1 管理现代化评价指标与权重选择

对水闸管理现代化进行评价，一级评价指标为 5 项，其中水利工程设施设备管理体系主要评价水闸工程和堤防工程，其中堤防和水闸的权重分别为 0.5 和 0.5，故而二级评价指标合计有 29 项。应用层次分析法和专家打分法综合确定该闸工程分级指标及相应权重值如下：

1. 一级评价指标及权重值

（1）水利工程规范化管理体系权重 0.30

（2）水利工程设施设备管理体系权重 0.25

（3）水利工程信息化管理体系权重 0.15

（4）水利工程调度运行及应急处理能力体系权重 0.20

（5）水生态管理体系权重 0.10

2. 二级评价指标及权重值

（1）水利工程规范化管理体系

① 组织管理权重 0.16

② 安全管理权重 0.18

③ 运行管理权重 0.52

④ 经济管理权重 0.14

（2）水利工程设施设备管理体系

水利工程设施设备管理体系中考虑堤防工程和水闸工程，其权重分别为 0.5 和 0.5。

1）堤防工程

① 堤防断面 0.20

② 堤顶道路 0.10

③ 堤防防护工程 0.10

④ 穿堤建筑物 0.25

⑤ 生物防护工程 0.05

⑥ 排水系统 0.10

⑦ 观测设施 0.10

⑧ 管理辅助设施 0.10

2）水闸工程

① 闸门权重 0.30

② 启闭机权重 0.20

③ 机电设备及防雷设施权重 0.10

④ 土工建筑物权重 0.10

⑤ 石工建筑物权重 0.10

⑥ 混凝土建筑物权重 0.10

⑦ 观测设施权重 0.10

（3）水利工程信息化管理体系

① 信息基础设施权重 0.36

② 水利信息资源权重 0.36

③ 业务应用系统权重 0.28

（4）水利工程调度运行及应急处理能力体系

① 指挥决策科学化权重 0.36

② 应急处置规范化权重 0.30

③ 防汛抢险专业化权重 0.20

④ 涉河事务管理权重 0.14

（5）水生态管理体系

① 水土流失治理权重 0.30

② 水质达标管理权重 0.30

③ 环境管理权重 0.20

④ 绿化管理权重 0.20

3. 三级评价指标及权重值

见评价指标达到水平评析。

7.2 管理现代化评价指标达到水平评析

7.2.1 水利工程规范化管理体系

1. 组织管理

——现状——

该闸枢纽是某河进口控制工程，包括分洪闸、船闸各一座，为一等一级建筑物。该工程于 1999 年 11 月建成，2003 年汛期首次承担分洪任务，共排泄洪水 16.7 亿 m³，最大分洪流量达 1540m³/s。该闸管理处（以下简称管理处）直属省某河管理局（以下简称管理局）管理，正科级事业单位，人员编制为 8 人，在编 8 人。其中主任、副主任各一名。下设股室：综合办公股（办公室、财务）、工程管理股（水政、工管）。管理处在发展庭院果园的同时，堤后填充区还建有 40 亩高科技野生瓜蒌示范园。经过几年的绿化，基本形成了花园式管理单位的雏形。几年来，管理处先后多次荣获"水闸管理先进单位""精神文明单位"等荣誉称号，还于 2004 年度被省水利厅评为"省一级水利工程管理单位"。

管理处克服职工轮班休息、难以随时齐聚的困难，每月选择适当时机，召开全体职工学习会议，认认真真地开展各项学习教育活动。在学习内容上，一方面按照管理局的布置，学习随时下发的各类文件、规章制度、政治学习资料等，另一方面组织学习各项水闸管理技术规范、操作规程及水法规，以提高职工的道德水准及政治素养，提高职工做好本职工作的意识。通过教育学习，职工的主观能动性不断增强，工作积极性不断提高，工作意识不断改良，促进了各项工作的开展。经过 2009 年 3 月 4 日召开的科学发展观职工满意度测评工作会议，职工满意度为 100%，切实取得了学习实践科学发展观的成果。

不断深化改革管理和人事制度。管理处积极探索适应基层管理工作、提高管理效率的新模式、新思路、新方法，使管理体制及运行机制不断完善顺畅。2008 年按照管理局的统一要求与标准进行了首轮人事和分配制度改革，有效调动职工积极性与主观能动性，体现按劳分配、效率优先、公平公正的用人原则，有力推动了各项工作进一步开展。

全系统编制 100 人，数量少，管理处编制暂定 8 人，在日常工作中人手捉襟见肘，难以满足工程管理上台阶、经济发展大进步、综合管理上水平的要求。每年 1～2 次培训，每月也有培训，自身及管理局都有培训，培训率100%。人员技术结构不合理，专科 77%，本科 4%，高技术人才、经营性人才、复合型人才偏少，尤其机电技术人员偏少，很大程度上制约了管理水平的提高。

——评析——

人员数量不足，高技术人才尤其缺乏；员工薪资水平增长困难。

组织管理三级指标得分统计见表 7-1 所列，其中优秀赋 95 分、良好赋85 分、一般赋 75 分、合格赋 65 分、不合格赋 50 分，乘以对应权重可得该三级指标最后得分，加权平均得出二级指标总分。

表 7-1　组织管理三级指标得分统计

序号	三级指标	等级	权重	得分
1	岗位设置合理	良好	0.02	1.70
2	建立有效考核机制	优秀	0.01	0.95
3	单位有职工培训计划并按计划落实实施	优秀	0.03	2.85
4	建立健全并不断完善各项管理规章制度，各项制度认真落实，执行效果好	一般	0.03	2.55
5	工作职责、任务明确	优秀	0.01	0.95
6	职工年培训率	优秀	0.03	2.85
7	技术人员（包括工程技术人员和技术工人）经培训上岗，关键岗位持证上岗	优秀	0.03	2.85
组织管理总分				14.7

2. 安全管理

——现状——

根据淮河干流防洪规划，当淮河干流发生百年一遇洪水，洪水经临淮岗工程拦截后，在淮河涡河口水位超过 23.37m，流量超过 13000m³/s 时，其超额部分由该河分泄入洪泽湖。当发生百年一遇洪水时，淮河干流向该河最大分泄流量为 1844m³/s，考虑到流量分布的变化及适当留有余地，该闸与另一闸及另一河段以分洪流量 2000m³/s 来设计。

该闸以分洪为主，并兼有供水及灌溉效益，设计分洪流量 1867m³/s。排涝重现期为 3 年一遇，设计水平偏低。闸体为胸墙式钢筋砼结构，计 14 孔，孔径 8.0m，底槛高程 15.37m。闸门为平面直升定轮钢闸门，配卷扬式启闭机。

巡查计划达到月度，定期探查安全隐患，一月一次；定期进行维修养护，汛前汛后强度更大，但记录不全。2004 年进行水闸安全鉴定，拟将成果用于指导工程的安全运行和除险加固。

编制了应急防洪预案。

——**评析**——

该闸工程运行安全可靠，在设计标准情况下，未发生工程安全或其他重大安全责任事故。管理处定期开展安全鉴定工作，鉴定成果用于指导工程的安全运行和除险加固，加强安全管理责任制的落实。

安全管理三级指标得分统计见表 7-2 所列，其中优秀赋 95 分、良好赋 85 分、一般赋 75 分、合格赋 65 分、不合格赋 50 分，乘以对应权重可得该三级指标最后得分，加权平均得出二级指标总分。

表 7-2　安全管理三级指标得分统计

序号	三级指标	等级	权重	得分
1	工程达到设计防洪（或竣工验收）标准	优秀	0.03	2.85
2	定期开展安全鉴定工作，鉴定成果用于指导工程的安全运行和除险加固	良好	0.03	2.55
3	落实防汛和安全管理责任制	良好	0.03	2.55
4	制定安全管理应急预案	优秀	0.03	2.85
5	在设计标准情况下，未发生工程安全或其他重大安全责任事故	优秀	0.06	5.70
安全管理总分				16.5

3. 运行管理

——**现状**——

根据省防汛抗旱指挥部（以下简称省防指）的调度命令，由管理局通知管理处执行分洪调度。当某闸上水量充沛，其他河湖水量不足时，管理局根据市防汛抗旱指挥部要求通知管理处执行灌溉引水调度；当某闸上水量不足时，根据省防汛抗旱指挥部的命令，由管理局通知管理处执行灌溉引水调度。当蚌埠闸上水位低于 16.87 米时，原则上不引水。

闸门运用程序：分洪闸闸门按批准的《控制运用条件》进行操作，每级开启高度及相邻孔闸门开启高度差均不大于 0.5m。每级开启时，14 孔分以下 7 组顺序启动：4、11 孔，7、8 孔，2、13 孔，5、10 孔，1、14 孔，6、9 孔，3、12 孔。每级 14 孔全部开启后，待下游水位达下一级水位时可按同样顺序开启第二级，直至达到要求的分洪流量。船闸闸门应先开启下扉门，再开启上扉门，关闭时顺序相反。分洪过程中，水情不断变化，应随时向管理局报告工情、水情变化情况，并按调度指令及时进行泄量调整。当分洪闸闸门开启到规定高度后，为保证分洪流量达到 2000m³/s，再开启船闸分洪。当下游水位达不到设计水位时，为保证该闸基础稳定，避免下游河道冲刷，由管理局负责调度该闸与另一闸联合运用。

灌溉引水时，每级开启高度及相邻孔闸门开启高度差均不大于 0.25m，闸门开启程序同分洪相同，直至达到要求的引水流量。

水行政管理是水闸管理的一项重要工作内容，是维护良好的工作生活环境、维护工程安全的有力保障，管理处所有职工都进行过水法规及相关法规理论知识培训，并全部取得了执法资格，领取了执法证。在执法过程中，敢于与违法违章行为做斗争，敢于承担执法重任，勇于维护管理处的合法权益，取得了很好的效果，如：清除河道内渔网，驱赶管理区的牛羊，劝阻附近农民在闸管区道路上打场晒粮，及时维修和更换路边损坏的防护桩，禁止无保护履带车辆通过水闸道路，禁止在水闸上下游游泳捕鱼的不规范行为等。妥善保护了机电设备、水文、通讯和观测设施的安全。

管理处一直高度重视资料收集整编工作，一般情况下，于年初对上年度资料进行立卷归档，并由专人保管，档案工作要按照"及时、准确、整洁、规范"的八字方针认真进行，及时对技术管理资料、文书资料、财务资料及配套设施的施工资料等进行归纳整理，立卷归档。对关系工程安全的技术数据进行分析、研判、归纳、对比，寻求其中的规律及对工程运行的影响，总结工程管理运行的经验及缺陷，以利于今后工作的补强及提高。

该闸目前开展的观测内容包括：水位观测、垂直位移观测、基础扬压力观测及河床变形观测，今后根据实际需要增加观测项目。该闸闸基下存在对防渗不利的轻粉质壤土层，外河高水位超过 19.87m 时，且上、下游水位差大于 2.0m 时深孔测压管观测每天至少两次，当深孔测压管水位高出下游水位 2.5～3.0m 时，及时上报管理局，通过调度抬高下游水位，使得深孔测压管水位与下游水位差控制在 3.0m 以内。

该闸的检查工作，包括经常检查、定期检查、特别检查和安全鉴定。巡查工作计划为 3 天 1 次。经常检查和定期检查自行组织开展，特别检查和安全鉴定报请管理局安排。经常检查包括每月上旬对建筑物各部位、闸门启闭机、机电设备、通信设备、管理范围内的河道堤防等进行一次观测和巡视检查。对容易发生问题的部位加强检查观测。定期检查每年进行两次，汛前和汛后各一次，汛前着重检查岁修工程完成情况，度汛存在的问题及措施；汛后着重检查工程变化和损坏情况，据以制订岁修工作计划。

该闸的养护维修工作分为养护修理、岁修、大修和抢修。养护维修以"经常养护、随时维修、养重于修、修重于抢"的原则进行。根据《该闸技术管理实施细则（试行）》按章操作，每月 1 次维修养护，但记录不全。金属结构、机电设备维护考核每 4 年 1 次。

——评析——

管理处在运行管理中依据相关法律、规定做好本职工作，做到了日常管理规范化、工程养护高质量、标志标牌基本齐全、工程观测按时按质、环境保护整洁美观。

运行管理三级指标得分统计见表 7 - 3 所列，其中优秀赋 95 分、良好赋 85 分、一般赋 75 分、合格赋 65 分、不合格赋 50 分，乘以对应权重可得该三级指标最后得分，加权平均得出二级指标总分。

表 7 - 3　运行管理三级指标得分统计

序号	三级指标	等级	权重	得分
1	制定年、月及日常巡查工作计划	优秀	0.01	0.95
2	巡查记录规范，有处理意见，按规定期限向有关部门报送巡查报表	良好	0.01	0.85
3	定期组织水法规学习培训，管理人员熟悉水法规及相关法规，做到依法管理	良好	0.01	0.85
4	水法规等标语、标牌醒目	良好	0.01	0.85
5	水文化建设	良好	0.01	0.8

（续表）

序号	三级指标	等级	权重	得分
6	配合有关部门对水环境进行有效保护和监督	一般	0.01	0.75
7	执行上级调度命令情况	优秀	0.01	0.95
8	管理技术操作规程健全，按章操作	优秀	0.01	0.95
9	及时开展维修养护，记录规范	良好	0.01	0.85
10	按规定及时上报有关报告、报表	优秀	0.01	0.95
11	工程无缺损、无坍塌、无松动	优秀	0.02	1.90
12	工程整洁美观	优秀	0.02	1.90
13	堤顶（后戗、防汛路）路面满足防汛抢险通车要求	优秀	0.02	1.90
14	路面完整、平坦，无坑、无明显凹陷和波状起伏，雨后给水能及时排除	良好	0.02	1.70
15	金属结构及启闭设备养护良好，运转灵活	优秀	0.02	1.90
16	混凝土无老化、破损现象	良好	0.02	1.70
17	堤（坝）身与建筑物联结可靠，结合部无隐患、无渗漏现象	良好	0.02	1.70
18	定期探查工程隐患	优秀	0.02	1.90
19	金属结构、机电设备维护考核	良好	0.02	1.7
20	各类工程管理标志、标牌（里程桩、禁行杆、分界牌、疫区标志牌、警示牌、险工险段及工程标牌、工程简介牌、功能区标识等）齐全、	良好	0.015	1.275
21	各类工程管理标志、标牌（同上）醒目	良好	0.015	1.275
22	各类工程管理标志、标牌（同上）美观	良好	0.015	1.275
23	熟悉掌握工程基本情况，按要求对工程及河势进行观测	良好	0.03	2.55
24	观测资料及时分析，整编成册	良好	0.02	1.7
25	观测设施完好率	良好	0.05	4.25
26	管理范围内整洁美观	良好	0.015	1.275
27	管理范围水面无漂物	良好	0.015	1.275
28	管理范围陆域无垃圾	良好	0.015	1.275
运行管理总分				41.2

4. 经济管理

——**现状**——

管理处两费足额到位，主管部门批准的年度预算计划为 30 万～40 万元。

管理处目前开展的水利经济项目主要是船闸的经营，但增长潜力小、效益低、远景差，缺少经济增长的稳定面，收入的增长难以跟上国民经济的增长步伐及职工对于收入增长的期望。力争在"挖潜固定资产、开发土地资源、做好原始积累、进步做大发展"的经济方针下，做好船闸的经营以及闲置管理房屋租赁的挖潜工作，力争使经济发展总量 2011—2015 年实现年均递增 5%。职工收入水平随经济增长速度稳步提高。

该闸工程建成已十余年，作为大型 I 等 I 级工程，随着工程使用年限的增长，工程逐渐老化，维修养护经费需求将会大量增加。近几年来，建管局每年下达的维修养护经费不足按行业标准测算总数的 1/3，简单维护难以维持。维修养护经费不足，严重影响到工程管理水平的巩固和提高。升为省级管理单位后正常维修养护的费用将会更高。

实现了 95% 管养分离。

——**评析**——

管理处管理经费开支合理，无违规违纪行为，但经营收入少，管理养护经费不足，可以争取管理养护费用足额到位，同时在节支上下功夫，严格控制岁修费不得超支。

经济管理三级指标得分统计见表 7-4 所列，其中优秀赋 95 分、良好赋 85 分、一般赋 75 分、合格赋 65 分、不合格赋 50 分，乘以对应权重可得该三级指标最后得分，加权平均得出二级指标总分。

表 7-4　经济管理三级指标得分统计

序号	三级指标	等级	权重	得分
1	管养分离及购买服务	良好	0.05	4.15
2	维修养护、运行管理费用来源渠道畅通，"两费"及时足额到位	优秀	0.03	2.85
3	有主管部门批准的年度预算计划	良好	0.03	2.55
4	开支合理，严格执行财务会计制度，无违规违纪行为	优秀	0.03	2.85
经济管理总分				12.40

7.2.2　水利工程设施设备管理体系

——现状——

1. 管理养护水平

2010 年该闸除漏装饰工程总投资 100 万元，自该闸 1997 年建成以来，尚未进行大的维修。该项工程旨在提升该闸枢纽管理硬件水平，为管理处达标升级奠定基础。

2011 年 5 月 1 日至 2 日，管理处放弃法定节假日，组织职工完成了分洪闸十四台固定卷扬式启闭机的检查、保养工作。将职工分为两个小组，各组分别对七台启闭机齿轮油进行了更换，严格按照清洁、紧固、调整、润滑八字方针，圆满完成了启闭机保养及室内外的环境卫生打扫工作。

2012 年 5 月份以来，管理处职工除了正常的维护保养外，对分洪闸、船闸的启闭机滚筒、钢丝绳、定滑轮、大齿轮等部件用角磨机进行抛光处理，再用柴油清理，最后用机油黄油混合配比后进行养护，使管理设备在规范要求的基础上达到亮化美化的效果，也使工程管理水平更上一个台阶。

船闸开通以来，工作人员按照操作规程严格程序操作，并把安全运行放在重要位置。运行至今，没有发生一起安全事故。

2. 工程设计能力达标水平

该闸防汛抗旱综合效益发挥显著。几年来发挥了显著的分洪、防洪、抗旱引水、排涝及货物航运等综合效益。2007 年淮河流域发生大洪水，实施分洪，最大分洪流量 1130m³/s，分洪总量 2.3 亿 m³，有效加快了淮河干流洪水下泄速度，减轻了淮河蚌埠以下的防汛压力，发挥了重要作用。多年来年平均引水量 1.7 亿 m³，基本满足下游流域的工农业生产生活及生态养殖用水需求。

3. 水利工程设施设备管理体系

（1）堤防工程

① 堤防断面

堤身断面、护堤地（面积）保持设计或竣工验收的尺度，堤肩线直弧圆，由于良好的日常运行管理，堤身无裂缝、冲沟、洞穴，无杂物垃圾堆放。

② 堤顶道路

堤顶防汛道路畅通，无碎石、砂粒，满足防汛通车要求。

③ 堤防防护工程

护坡、护坎完整，堤坡平顺美观、草皮整齐，堤脚线清晰、流畅。

④ 穿堤建筑物

混凝土有老化、破损现象，堤身与建筑物联结不够可靠，有渗漏现象。

⑤ 生物防护工程

工程管理范围内的宜绿化面积绿化率超过 90%，堤坡草皮整齐，无高秆杂草，坝肩草皮（有堤肩边埂的除外）每侧宽 0.5m 以上，基本无病虫害。

⑥ 排水系统

排水沟、减压井、排渗沟齐全、畅通，无杂物，无破损现象。

⑦ 观测设施

观测设施不够先进，自动化程度不高，设备完好率不合格。

⑧ 管理辅助设施

各类工程管理标志、标牌齐全、醒目、美观。

（2）水闸工程

① 闸门

经过精心维修养护，闸门表面无明显锈蚀，止水装置密封可靠，钢门体的承载构件无变形，运转部位的加油设施完好、畅通。

② 启闭机

启闭机外观完好，控制系统动作可靠，传动件传动部位保持润滑，润滑系统注油设施可靠，开高及限位装置准确可靠。

③ 机电设备及防雷设施

各类电气设备、避雷设施符合规定，没有设置指示仪表；各类线路保持畅通，无安全隐患；备用发电机维护良好，能随时投入运行。

④ 土工建筑物

堤（坝）无雨淋沟、渗漏、裂缝、塌陷等缺陷；岸、翼墙后填土区无跌落、塌陷。

⑤ 石工建筑物

砌石护坡、护底无松动、塌陷等缺陷；防汛道路岸坡无错动；防冲设施（防冲槽、海漫等）无冲刷破坏；反滤设施、减压井、导渗沟、排水设施等保持畅通。

⑥ 混凝土建筑物

混凝土结构表面整洁，无脱壳、剥落、露筋、裂缝等现象；伸缩缝填料无流失。

⑦ 观测设施

观测设施先进、自动化程度较高，完好率较好。

——评析——

水闸按规划设计标准正常运行；分洪能力和引水灌溉能力均能达到设计标准要求。

土工建筑物，石工建筑物和闸门机电设备等工程设施状态良好、技术性能完好。观测设施的状态和技术性能良好。

堤防工程、水闸工程三级指标得分统计见表 7-5、表 7-6 所列，其中优秀赋 95 分、良好赋 85 分、一般赋 75 分、合格赋 65 分、不合格赋 50 分，乘以对应权重可得该三级指标最后得分，加权平均得出二级指标总分。

表 7-5　堤防工程三级指标得分统计

序号	三级指标	等级	权重	得分
1	堤身断面、护堤地（面积）保持设计或竣工验收的尺度	优秀	0.10	9.50
2	堤肩线直、弧圆，堤坡平顺	优秀	0.03	2.85
3	堤身无裂缝、冲沟、洞穴，无杂物垃圾堆放	优秀	0.07	6.65
堤身断面总分				19
1	堤顶路面（后戗、防汛路）满足防汛抢险通车要求	优秀	0.06	5.7
2	路面完整、平坦、无坑、无明显凹陷和波状起伏	优秀	0.04	3.8
堤顶道路总分				9.5
1	护坡、护岸、丁坝、护脚等防护工程无缺损	良好	0.03	2.55
2	护坡、护岸、丁坝、护脚等防护工程无坍塌	良好	0.04	3.4
3	护坡、护岸、丁坝、护脚等防护工程无松动	良好	0.03	2.55
堤防防护工程总分				8.5
1	穿堤建筑物（涵闸、溢洪道、输水洞等）金属结构及启闭设备运转灵活	不合格	0.08	4.0
2	混凝土无老化、破损现象	不合格	0.04	2.0

（续表）

序号	三级指标	等级	权重	得分
3	堤身与建筑物联结可靠	不合格	0.06	3.0
4	结合部无隐患、渗漏现象	不合格	0.07	3.5
	穿堤建筑物总分			12.5
1	工程管理范围内的宜绿化面积绿化率	优秀	0.01	0.95
2	树草种植合理，宜植防护林的地段能形成生物防护体系	良好	0.01	0.85
3	堤坡草皮整齐，无高秆杂草	良好	0.01	0.85
4	坝肩草皮（有堤肩边埂的除外）每侧宽 0.5m 以上	良好	0.01	0.85
5	林木缺损情况，无病虫害	良好	0.01	0.85
	生物防护工程总分			4.35
1	排水沟、减压井、排渗沟齐全、畅通	优秀	0.05	4.75
2	排水沟、减压井、排渗沟内无杂草、杂物	优秀	0.025	2.375
3	排水沟、减压井、排渗沟无堵塞、破损现象	优秀	0.025	2.375
	排水系统总分			9.5
1	观测设施完好率达90%以上	不合格	0.10	5
	观测设施总分			5
1	各类工程管理标志、标牌（里程桩、禁行杆、分界牌、疫区标志牌、警示牌、险工险段及工程标牌、工程简介牌等）齐全	良好	0.04	3.40
2	各类工程管理标志、标牌（同上）醒目	良好	0.03	2.55
3	各类工程管理标志、标牌（同上）美观	良好	0.03	2.55
	管理辅助设施总分			8.5

表 7-6 水闸工程三级指标得分统计

序号	三级指标	等级	权重	得分
1	闸门表面无明显锈蚀	良好	0.04	3.40
2	闸门止水装置密封可靠	良好	0.08	6.80
3	钢门体的承载构件无变形	优秀	0.12	11.40

（续表）

序号	三级指标	等级	权重	得分
4	运转部位的加油设施完好、畅通	优秀	0.06	5.70
	闸门总分			27.30
1	启闭机外观完好，控制系统动作可靠	优秀	0.06	5.70
2	传动件传动部位保持润滑	优秀	0.02	1.90
3	润滑系统注油设施可靠，开高及限位装置准确可靠	优秀	0.12	11.40
	启闭机总分			19.00
1	各类电气设备、指示仪表、避雷设施符合规定	优秀	0.03	2.85
2	各类线路保持畅通，无安全隐患	良好	0.03	2.55
3	备用发电机维护良好，能随时投入运行	良好	0.04	3.40
	机电设备及防雷设施总分			8.80
1	堤（坝）无雨淋沟、渗漏、裂缝、塌陷等缺陷	优秀	0.05	4.75
2	岸、翼墙后填土区无跌落、塌陷	良好	0.05	4.25
	土工建筑物总分			9.00
1	砌石护坡、护底无松动、塌陷等缺陷	良好	0.02	1.70
2	浆砌块石墙身无渗漏、倾斜或错动，墙基无冒水冒沙现象	良好	0.02	1.70
3	防冲设施（防冲槽、海漫等）无冲刷破坏	优秀	0.03	2.85
4	反滤设施、减压井、导渗沟、排水设施等保持畅通	良好	0.03	2.55
	石工建筑物总分			8.80
1	混凝土结构表面整洁，无脱壳、剥落、露筋、裂缝等现象	良好	0.07	5.95
2	伸缩缝填料无流失	良好	0.03	2.55
	混凝土建筑物总分			8.50
1	观测设施先进、自动化程度高	良好	0.04	3.40
2	应具备的观测设施完好率	良好	0.06	5.10
	观测设施总分			8.50

7.2.3 水利工程信息化管理体系

1. 信息基础设施

——现状——

网络建设水平中等，信息化机构管理人员仅1人，有工程自动监控系统。

——评析——

进一步完善大型水闸自控系统，保证闸门自动控制，水情自动采集，运行图像监控等功能稳定运行，完善图像远程传输功能。增加信息化管理人才。

信息基础设施三级指标得分统计见表7-7所列，其中优秀赋95分、良好赋85分、一般赋75分、合格赋65分、不合格赋50分，乘以对应权重可得该三级指标最后得分，加权平均得出二级指标总分。

表7-7 信息基础设施三级指标得分统计

序号	三级指标	等级	权重	得分
1	数据采集	良好	0.09	7.65
2	工程自动监控系统	良好	0.09	7.65
3	网络建设	一般	0.09	6.75
4	信息化管理机构（或人员）	一般	0.09	6.75
信息基础设施总分				28.8

2. 水利信息资源

——现状——

水文数据不足，工程观测和运行管理数据比较完备可靠。

地理信息系统尚未建立。

——评析——

已建雨量和水位自动测报站采集点的密度较低，不能有效地全面掌握暴雨洪水的时空分布，不能适应新形势下防洪预警的要求。信息采集的可靠性和时效性有待进一步提高。

水利信息资源三级指标得分统计见表7-8所列，其中优秀赋95分、良好赋85分、一般赋75分、合格赋65分、不合格赋50分，乘以对应权重可得该三级指标最后得分，加权平均得出二级指标总分。

表 7-8　水利信息资源三级指标得分统计

序号	三级指标	等级	权重	得分
1	水文数据	良好	0.09	7.65
2	工程观测数据	优秀	0.09	8.55
3	运行管理数据	优秀	0.09	8.55
4	地理信息数据	不合格	0.09	4.50
水利信息资源总分				28.35

3. 业务应用系统

——现状——

目前已建有单位门户网站，实现该闸工程管理和政务等信息的在线发布与查询。无调度运行指挥系统，无水利工程和河湖资源管理系统，水利信息综合服务能力一般。

——评析——

信息化程度较低，起步难度大，需要建立防汛决策支持系统，实现工程基础数据、图表网上实时浏览查询。

业务应用系统三级指标得分统计见表 7-9 所列，其中优秀赋 95 分、良好赋 85 分、一般赋 75 分、合格赋 65 分、不合格赋 50 分，乘以对应权重可得该三级指标最后得分，加权平均得出二级指标总分。

表 7-9　业务应用系统三级指标得分统计

序号	三级指标	等级	权重	得分
1	水利信息综合服务	良好	0.10	8.50
2	调度运行指挥系统	不合格	0.10	5.00
3	水利工程和河湖资源管理系统	不合格	0.08	4.00
业务应用系统总分				16.5

7.2.4　水利工程调度运行及应急处理能力体系

1. 指挥决策科学化

——现状——

组织机构完善，由管理局通知管理处执行分洪调度。根据《管理局调度运用办法》和《水闸技术管理规程》等制定了何巷闸的控制运用办法。

——评析——

指挥权限明确，目标清晰，调度执行力较强。

指挥决策科学化三级指标得分统计见表 7 - 10 所列，其中优秀赋 95 分、良好赋 85 分、一般赋 75 分、合格赋 65 分、不合格赋 50 分，乘以对应权重可得该三级指标最后得分，加权平均得出二级指标总分。

表 7 - 10　指挥决策科学化三级指标得分统计

序号	三级指标	等级	权重	得分
1	组织机构完善程度	优秀	0.04	3.80
2	岗位设置合理程度	良好	0.04	3.40
3	办公设施齐全程度	良好	0.04	3.40
4	防汛值班制度执行情况	优秀	0.04	3.80
5	建立健全调度运用方案	优秀	0.08	7.60
6	调度指令的执行力	优秀	0.08	7.60
7	调度运行基本信息适时性程度	优秀	0.04	3.80
指挥决策科学化总分				44.8

2. 应急处置规范化

——现状——

管理处制定了《管理处开展"安全生产月"活动实施计划》，重点对分洪闸、船闸、防汛仓库以及与职工生活密切相关的水、电等关键场所与部位进行了详细检查，对消防、防盗等设备的安全隐患排查。对检查中发现的问题和隐患制定了整改措施，限期整改。同时加强安全值班制度，保持安全生产的高压态势，确保工程安全度汛。

管理局里配备了防汛抢险队伍，管理处尚未配备，可向管理局调遣管理局防汛抢险队伍。

——评析——

日常检查科学合理，应急预案建设较为齐全，统计报送时效性和准确性较高。需加强防汛抢险队伍建设。

应急处置规范化三级指标得分统计见表 7 - 11 所列，其中优秀赋 95 分、良好赋 85 分、一般赋 75 分、合格赋 65 分、不合格赋 50 分，乘以对应权重可得该三级指标最后得分，加权平均得出二级指标总分。

表 7 – 11　应急处置规范化三级指标得分统计

序号	三级指标	等级	权重	得分
1	日常与专项检查情况	良好	0.06	5.10
2	调度运行责任制全面落实	优秀	0.08	7.60
3	运行安全知识宣传适应性	良好	0.04	3.40
4	应急预案建设及执行情况	良好	0.08	6.80
5	统计报送时效性和准确率	良好	0.04	3.40
应急处置规范化总分				26.3

3. 防汛抢险专业化

——现状——

管理处人员一要提高思想认识,牢固树立"防大汛、抗大灾"的思想,增强防汛工作的责任感和紧迫感。二要严格执行工作纪律,做好值班值守工作,明确水情工情信息报送和责任追究相关制度,全体人员联系电话确保畅通。三要熟练掌握本闸的各项技术要求和各自岗位的操作规程及故障处理办法。四要成立防汛工作领导小组,制定防汛应急预案,加强应急演练。五要加强安全意识,对可能存在的安全隐患进行重点排查,根据检查中发现的问题,及时进行研究处理,确保水闸安全度汛,发挥社会效益。

工程设备较新。物资储备水平一般。

——评析——

进一步加强防汛值班工作纪律,提高应急抢险人员的技术水平,调度队伍建设需进一步健全完善。

防汛抢险专业化三级指标得分统计见表 7 – 12 所列,其中优秀赋 95 分、良好赋 85 分、一般赋 75 分、合格赋 65 分、不合格赋 50 分,乘以对应权重可得该三级指标最后得分,加权平均得出二级指标总分。

表 7 – 12　防汛抢险专业化三级指标得分统计

序号	三级指标	等级	权重	得分
1	防汛物资贮备及管理水平	一般	0.04	3.0
2	队伍建设与保障能力	一般	0.08	6.0
3	建立健全调度队伍建设	良好	0.08	6.80
防汛抢险专业化总分				15.8

4. 涉河事务管理

在工程管理范围内无违法违章现象。

涉河事务管理三级指标得分统计见表 7 - 13 所列，其中优秀赋 95 分、良好赋 85 分、一般赋 75 分、合格赋 65 分、不合格赋 50 分，乘以对应权重可得该三级指标最后得分，加权平均得出二级指标总分。

表 7 - 13　涉河事务管理三级指标得分统计

序号	三级指标	等级	权重	得分
1	无违法排污、私设排污口现象	优秀	0.03	2.85
2	无侵占河道、乱到垃圾现象	优秀	0.03	2.85
3	涉河项目按批准实施	优秀	0.04	3.80
4	采砂按批准区域开采	优秀	0.04	3.80
涉河事务管理总分				13.3

7.2.5　水生态管理体系

1. 水土流失治理

无水土流失，植被覆盖率高，排水沟布置合理

水土流失治理三级指标得分统计见表 7 - 14 所列，其中优秀赋 95 分、良好赋 85 分、一般赋 75 分、合格赋 65 分、不合格赋 50 分，乘以对应权重可得该三级指标最后得分，加权平均得出二级指标总分。

表 7 - 14　水土流失治理三级指标得分统计

序号	三级指标	等级	权重	得分
1	水土流失治理率	优秀	0.18	17.1
2	水土流失治理措施	一般	0.12	9
水土流失管理总分				26.1

2. 水质达标管理

水质等级为Ⅲ—Ⅳ类，无水质目标，不属于管理处管理范围。

水质达标管理三级指标得分统计见表 7 - 15 所列，其中优秀赋 95 分、良好赋 85 分、一般赋 75 分、合格赋 65 分、不合格赋 50 分，乘以对应权重可得该三级指标最后得分，加权平均得出二级指标总分。

表 7 - 15　水质达标管理三级指标得分统计

序号	三级指标	等级	权重	得分
1	水质达标程度	良好	0.18	15.30
2	水质管理措施	一般	0.12	9
水质达标管理总分				24.30

3. 环境管理

管理处水面打捞漂浮物等保洁工作时常进行，保洁效果良好。划界范围内的保洁率合格。

环境管理三级指标得分统计见表 7 - 16 所列，其中优秀赋 95 分、良好赋 85 分、一般赋 75 分、合格赋 65 分、不合格赋 50 分，乘以对应权重可得该三级指标最后得分，加权平均得出二级指标总分。

表 7 - 16　环境管理三级指标得分统计

序号	三级指标	等级	权重	得分
1	划界范围的保洁率	合格	0.07	4.55
2	确权范围的保洁率	良好	0.07	5.95
3	保洁效果	良好	0.06	5.10
环境管理总分				15.60

4. 绿化管理

管理处划界确权范围内绿化覆盖率均达 90% 以上，绿化效果较好。在发展庭院果园的同时，堤后充填区还建有 40 亩高科技野生瓜蒌示范园。经过几年的绿化，基本形成了花园式管理单位中的雏形。

绿化管理三级指标得分统计见表 7 - 17 所列，其优秀赋 95 分、良好赋 85 分、一般赋 75 分、合格赋 65 分、不合格赋 50 分，乘以对应权重可得该三级指标最后得分，加权平均得出二级指标总分。

表 7 - 17　绿化管理三级指标得分统计

序号	三级指标	等级	权重	得分
1	划界范围绿化覆盖率	优秀	0.07	6.65
2	确权范围绿化覆盖率	优秀	0.07	6.65
3	绿化效果	良好	0.06	5.10
绿化管理总分				18.40

7.3 管理现代化进展评价

7.3.1 二级指标评价

由表 7-1～表 7-17 可统计得出五项一级指标的综合分值与实现程度。

1. 水利工程规范化管理体系

表 7-18 水利工程规范化管理体系得分统计

序号	二级指标	权重	相应分值
1	组织管理	0.16	14.7
2	安全管理	0.18	16.5
3	运行管理	0.52	41.2
4	经济管理	0.14	12.4

该一级指标综合分值为 84.8，目标值为 100.0，则实现程度为 84.8%

2. 水利工程设施设备管理体系

（1）堤防工程

表 7-19 堤防二级指标得分统计

序号	二级指标	权重	相应分值
1	堤防断面完好率	0.20	19
2	堤顶道路完好率	0.10	9.5
3	堤防防护工程完好率	0.10	8.5
4	穿堤建筑物完好率	0.25	10
5	生物防护工程完好率	0.05	4.35
6	排水系统完好率	0.10	9.5
7	观测设施完好率	0.10	4
8	管理辅助设施完好率	0.10	8.5

该一级指标综合分值为 73.35，目标值为 95.0，则实现程度为 77.2%

（2）水闸工程

表 7-20　水闸工程二级指标得分统计

序号	二级指标	权重	相应分值
1	闸门完好率	0.30	27.3
2	启闭机完好率	0.20	19.0
3	机电设备及防雷设施完好率	0.10	8.8
4	土工建筑物完好率	0.10	9
5	石工建筑物完好率	0.10	8.8
6	混凝土建筑物完好率	0.10	8.5
7	观测设施完好率	0.10	8.5

该一级指标综合分值为 89.9，目标值为 95.0，则实现程度为 94.6%

因水利工程设施设备管理体系中水库大坝与水闸工程权重分别为 0.5 和 0.5，故该一级指标最终分值为 81.6 分，实现程度为 85.89%。

3. 水利工程信息化管理体系

表 7-21　水利工程信息化管理体系得分统计

序号	二级指标	权重	相应分值
1	信息基础设施	0.36	28.80
2	水利信息资源	0.36	28.35
3	业务应用系统	0.28	15.7

该一级指标综合分值为 72.85，目标值为 90.0，则实现程度为 80.9%

4. 水利工程调度运行及应急处理能力体系

表 7-22　水利工程调度运行及应急处理能力体系得分统计

序号	二级指标	权重	相应分值
1	指挥决策科学化	0.36	33.4
2	应急处置规范化	0.30	26.3
3	防汛抢险专业化	0.20	15.8
4	涉河事务管理	0.14	13.3

该一级指标综合分值为 88.8，目标值为 100.0，则实现程度为 88.8%

5. 水生态管理体系

表 7 - 23　水生态管理体系得分统计

序号	二级指标	权重	相应分值
1	水土流失治理	0.20	26.1
2	水质达标管理	0.20	24.3
3	环境管理	0.30	15.6
4	绿化管理	0.30	18.4

该一级指标综合分值为84.4，目标值为95.0，则实现程度为88.8%

7.3.2　综合评价

表 7 - 24　管理处综合得分统计

序号	一级指标	权重	目标值	现状值	实现程度
1	水利工程规范化管理体系	0.30	100	84.8	84.8%
2	水利工程设施设备管理体系	0.25	95	81.6	85.89%
3	水利工程信息化管理体系	0.15	90	72.88	80.8%
4	水利工程调度运行及应急处理能力体系	0.20	100	88.8	88.8%
5	水生态环境管理体系	0.10	95	84.4	88.8%

管理处管理现代化综合得分为82.9，实现程度为86.8%

7.3.3　分析评价总结

（1）管理处管理现代化综合实现程度为86.8%，大于85%，属于初步实现管理现代化，但信息化管理体系现状值低于76.5，未达到初步实现现代化，故最终判定管理处未实现现代化。

（2）一级指标中"设施设备管理体系"实现程度超过85%，是对管理处精细化管理模式实践的肯定，"水利工程调度运行及应急处理能力体系""水生态环境管理体系"均达到初步实现现代化的标准，但还需进一步提高。

（3）一级指标中"信息化管理体系"实现程度为80.9%，未达到初步实现现代化标准，是管理处管理现代化发展的短板，需要进一步发展完善。

第 8 章　泵站管理现代化进展实例分析评价

选取某排灌站作为典型工程进行实例分析，结合该站管理处的实践和现代化建设情况，对照和应用水利工程管理现代化评价指标体系和评价方法，对其管理现代化建设进展作分析评价。主要内容：（1）管理现代化评价指标与权重选择；（2）管理现代化评价指标达到水平评析；（3）管理现代化进展评价。

8.1　管理现代化评价指标与权重选择

对泵站管理现代化进行评价，一级评价指标为 5 项，二级评价指标合计有 24 项。应用层次分析法和专家打分法综合确定该站分级指标及相应权重值如下：

1. 一级评价指标及权重值

（1）水利工程规范化管理体系权重 0.30

（2）水利工程设施设备管理体系权重 0.25

（3）水利工程信息化管理体系权重 0.15

（4）水利工程调度运行及应急处理能力体系权重 0.20

（5）水生态管理体系权重 0.10

2. 二级评价指标及权重值

（1）水利工程规范化管理体系

① 组织管理权重 0.16

② 安全管理权重 0.18

③ 运行管理权重 0.52

④ 经济管理权重 0.14

（2）水利工程设施设备管理体系

① 闸门权重 0.10

② 启闭机权重 0.10

③ 主机泵权重 0.20

④ 辅机系统权重 0.10

⑤ 高低压电气设备权重 0.10

⑥ 机电设备及防雷设施权重 0.05

⑦ 土工建筑物权重 0.10

⑧ 石工建筑物权重 0.10

⑨ 混凝土建筑物权重 0.10

⑩ 观测设施权重 0.05

（3）水利工程信息化管理体系

① 信息基础设施权重 0.36

② 水利信息资源权重 0.36

③ 业务应用系统权重 0.28

（4）水利工程调度运行及应急处理能力体系

① 指挥决策科学化权重 0.36

② 应急处置规范化权重 0.30

③ 防汛抢险专业化权重 0.20

④ 涉河事务管理权重 0.14

（5）水生态管理体系

① 水土流失治理权重 0.30

② 水质达标管理权重 0.30

③ 环境管理权重 0.20

④ 绿化管理权重 0.20

3. 三级评价指标及权重值

见评价指标达到水平评析。

8.2 管理现代化评价指标达到水平评析

8.2.1 水利工程规范化管理体系

1. 组织管理

——现状——

该排灌站位于长江北岸的某流域某县境内，是"七五"期间引用外资重点水利建设项目，是某流域综合治理的水利骨干工程，也是规划兴建的引江济淮（南水北调）的龙头工程。单站流量和单站装机容量均为全省最大，是一座国家级大型泵站。该排灌站管理处（以下简称管理处）于 1988 年由省编制委员会、省财政厅、省水利厅联合下文批复组建的，定性为正处级事业单位，隶属于原地级市政府统一管理，核定编制为 120 名。

单位现有在编人员 81 人，退休 28 人，共 109 人。在编人员中有研究生 2 人，大学本科 12 人，大专 34 人，中专 8 人。专业技术人员 20 人，其中：高级 2 人，中级 10 人，初级 8 人。内设办公室、工程科、机电科、财务科、人保科和工会。管理处现有党员 46 名，成立总支委员会，下设三个党支部。

按照 2012 年 12 月 31 日处务会议研究意见，从新年第一天上班，管理处严格单位岗位考勤。考勤方式由人脸识别考勤代替过去的指纹签到机考勤，并由各科室抽调一人成立处考勤考核统计领导组，负责对每天考勤的记录内容打印、整理、公布，做到公开、公正接受监督。严格执行管理处《关于加强岗位考勤的规定》。考勤工作每月统计一次，下月 3 日前由人保科 1 式 4 份送交财务科、分管主任、主任，在下月工资中扣除应扣的各种费用。

单位有职工培训计划并按计划落实实施，人均 2 次/年。

管理处建立健全并不断完善各项管理规章制度，各项制度认真落实，执行效果好。各部门工作职责清晰、任务明确。

管理处组织职工外出去相关大型水利工程参观学习，开阔眼界，增长知识，努力提高管理水利工程的水平。

管理处严格执行技术人员经培训上岗，关键岗位持证上岗。

——评析——

管理处明确为正处级事业单位，管理机构设置和人员编制有正式批文。岗位设置合理，管理权限明确。人员数量不足，岗位尚有空缺。技术人员经培训上岗，关键岗位持证上岗。规章制度较为全面，各项制度认真落实，执行效果好。

组织管理三级指标得分统计见表 8－1 所列，其中优秀赋 95 分、良好赋 85 分、一般赋 75 分、合格赋 65 分、不合格赋 50 分，乘以对应权重可得该三级指标最后得分，加权平均得出二级指标总分。

表 8-1　组织管理三级指标得分统计

序号	三级指标	等级	权重	得分
1	岗位设置合理	良好	0.02	1.70
2	建立有效考核机制	优秀	0.01	0.95
3	单位有职工培训计划并按计划落实实施	优秀	0.03	2.85
4	建立健全并不断完善各项管理规章制度，各项制度认真落实，执行效果好	良好	0.03	2.55
5	工作职责、任务明确	优秀	0.01	0.95
6	职工年培训率	优秀	0.03	2.85
7	技术人员（包括工程技术人员和技术工人）经培训上岗，关键岗位持证上岗	优秀	0.03	2.85
组织管理总分				14.7

2. 安全管理

——现状——

该排灌站设计安装 6 台直径为 3.1m 的立式轴流泵，配套 6 台同步电机，总装机 1.48 万 kW，系大型排灌结合泵站。泵站具有机排、机灌、自排、自灌四大功能，闸站合一。设计机排流量为 240m³/s，机引灌溉流量为 200m³/s，自流排、灌流量均为 380m³/s。

工程于 2009 年完成改造，尚未验收。

2011 年 1 月，管理处对长江侧引河河道进行部分清淤。2011 年 3 月，管理处对拦污闸进行简易维修改造。

为了确保更新改造工程顺利实施、规范运行，该排灌站建设管理处制定了《排灌站更新改造工程项目投资管理暂行规定》《排灌站更新改造工程质量管理规定》《排灌站更新改造工程档案管理规定》《排灌站更新改造工程合同管理办法》《排灌站更新改造工程财务管理暂行规定》。

建设管理处按照项目法人的机构设置，制定各科室职责和各岗位的岗位职责，明确责任，责任到人。

建设管理处制定了各类安全管理应急预案，包括更新改造生产安全事故的应急救援预案、安全生产预案、防汛抗旱预案等。

——评析——

该排灌站安全运行可靠，在设计标准情况下，未发生工程安全或其他重大安全责任事故。管理处需定期开展安全鉴定工作，鉴定成果用于指导工程的安全运行和除险加固。

安全管理三级指标得分统计见表 8-2 所列，其中优秀赋 95 分、良好赋 85 分、一般赋 75 分、合格赋 65 分、不合格赋 50 分，乘以对应权重可得该三级指标最后得分，加权平均得出二级指标总分。

表 8-2　安全管理三级指标得分统计

序号	三级指标	等级	权重	得分
1	工程达到设计防洪（或竣工验收）标准	优秀	0.03	2.85
2	定期开展安全鉴定工作，鉴定成果用于指导工程的安全运行和除险加固	不合格	0.03	1.50
3	落实防汛和安全管理责任制	优秀	0.03	2.85
4	制定安全管理应急预案	优秀	0.03	2.85
5	在设计标准情况下，未发生工程安全或其他重大安全责任事故	优秀	0.06	5.70
	安全管理总分			15.75

3. 运行管理

——现状——

（1）日常管理规范

管理处有年、月巡查工作计划，巡查记录规范，有处理意见，按规定期限向有关部门报送巡查报表。包括每星期两次站房卫生工作，每月一次机电设备巡检，每月一次对外供电安全检查和电费收缴，每两月一次站区环境整治，根据调度命令开关闸等。

对《中华人民共和国水法》《中华人民共和国水土保持法》《中华人民共和国防洪法》《省水工程管理和保护条例》《省抗旱条例》等水利法律、法规，管理人员做到基本熟悉，有一定的辨析能力并依法管理。

管理处积极开展水文化建设，2012 年 3 月，根据上级水利部门统一部署，管理处组织开展张贴纪念"世界水日"主题的宣传标语，组织播放水法宣传电视系列片《人·水·法》（第五部），开展水法宣传咨询等活动。

接到上级调度命令时，管理处立即全面有效执行，执行效果好。

管理处对于管理、机械、应用系统等建立了操作规程，操作人员做到按章操作。管理处定期开展维修养护，记录规范，并按规定及时上报有关报告、报表。

（2）工程养护质量

工程无大面积缺损、无坍塌、无松动，整洁美观。坝顶路面整洁、无破坏，满足防汛抢险通车要求。路面完整、平坦、雨后给水能及时排除。金属结构及启闭设备养护良好，运转灵活。混凝土表面有微量老化、破损现象。目前没有发现对大坝产生危害的动物。对于金属结构、机电设备定期维护并考核，发现隐患及时检修维护。

（3）标志标牌齐全

管理处设置各类工程管理标志标牌，简洁醒目。

（4）工程观测

管理处定期测量水文、气象、沉降、淤积、位移等情况，汛期记录每日水情表并及时分析观测资料。

（5）环境整洁美观

管理处保洁绿化工作良好，做到管理范围内环境整洁美观，2001 年荣获"省花园式单位"称号。

——评析——

管理处在运行管理中做到了日常管理规范化、工程养护质量高、环境保护整洁美观，但各类工程管理标志、标牌不足，观测设施有破损，混凝土也有老化破损现象，需要加强。

运行管理三级指标得分统计见表 8-3 所列，其中优秀赋 95 分、良好赋 85 分、一般赋 75 分、合格赋 65 分、不合格赋 50 分，乘以对应权重可得该三级指标最后得分，加权平均得出二级指标总分。

表 8-3 运行管理三级指标得分统计

序号	三级指标	等级	权重	得分
1	制定年、月及日常巡查工作计划	优秀	0.01	0.95
2	巡查记录规范，有处理意见，按规定期限向有关部门报送巡查报表	优秀	0.01	0.95
3	定期组织水法规学习培训，管理人员熟悉水法规及相关法规，做到依法管理	一般	0.01	0.75
4	水法规等标语、标牌醒目	一般	0.01	0.75
5	水文化建设	良好	0.01	0.85
6	配合有关部门对水环境进行有效保护和监督	良好	0.01	0.85

（续表）

序号	三级指标	等级	权重	得分
7	对河湖内阻水生物、建筑物的数量、位置、设障单位等情况清楚	良好	0.01	0.85
8	执行上级调度命令情况	优秀	0.01	0.95
9	管理技术操作规程健全，按章操作	优秀	0.01	0.95
10	及时开展维修养护，记录规范	优秀	0.01	0.95
11	按规定及时上报有关报告、报表	优秀	0.01	0.95
12	工程无缺损、无坍塌、无松动	良好	0.02	1.70
13	工程整洁美观	良好	0.02	1.70
14	堤顶（后戗、防汛路）路面满足防汛抢险通车要求	优秀	0.02	1.90
15	路面完整、平坦，无坑、无明显凹陷和波状起伏，雨后给水能及时排除	良好	0.02	1.70
16	金属结构及启闭设备养护良好，运转灵活	优秀	0.02	1.90
17	混凝土无老化、破损现象	一般	0.02	1.50
18	堤（坝）身与建筑物联结可靠，结合部无隐患、无渗漏现象	良好	0.02	1.70
19	定期开展害堤动物防治检查和防治	优秀	0.02	1.90
20	定期探查工程隐患	良好	0.02	1.70
21	金属结构、机电设备维护考核	良好	0.02	1.70
22	各类工程管理标志、标牌（里程桩、禁行杆、分界牌、疫区标志牌、警示牌、险工险段及工程标牌、工程简介牌、功能区标识等）齐全、	良好	0.015	1.28
23	各类工程管理标志、标牌（同上）醒目	良好	0.015	1.28
24	各类工程管理标志、标牌（同上）美观	良好	0.015	1.28
25	熟悉掌握工程基本情况，按要求对工程及河势进行观测	优秀	0.03	2.85
26	观测资料及时分析，整编成册	优秀	0.02	1.90
27	观测设施完好率	一般	0.05	3.75
28	管理范围内整洁美观	良好	0.015	1.28
29	管理范围水面无漂物	良好	0.015	1.28
30	管理范围陆域无垃圾	良好	0.015	1.28
运行管理总分				44.33

4. 经济管理

——**现状**——

2008 年水利工程管理单位体制改革，该排灌站定性为纯公益性事业单位，取消征收排涝水费。人员经费和公务经费由原地级市财政全额供给，工程日常维修养护经费也由原地级市财政提供。该排灌站属跨市泵站，开机电费由省财政统一解决。2011 年行政区划调整后，隶属省管理局管理。

管理处维修养护费 200 万元/年，及时到位，严格执行财务会计制度，无违规违纪行为，开支合理。

——**评析**——

管理处管理经费开支合理，"两费"及时足额到位，无违规违纪行为。

经济管理三级指标得分统计见表 8-4 所列，其中优秀赋 95 分、良好赋 85 分、一般赋 75 分、合格赋 65 分、不合格赋 50 分，乘以对应权重可得该三级指标最后得分，加权平均得出二级指标总分。

表 8-4 经济管理三级指标得分统计

序号	三级指标	等级	权重	得分
1	管养分离及购买服务	良好	0.05	4.25
2	维修养护、运行管理费用来源渠道畅通，"两费"及时足额到位	优秀	0.03	2.85
3	有主管部门批准的年度预算计划	优秀	0.03	2.85
4	开支合理，严格执行财务会计制度，无违规违纪行为	优秀	0.03	2.85
经济管理总分				12.80

8.2.2 水利工程设施设备管理体系

——**现状**——

1. 主机泵

主电机外壳保持无尘、无污、无锈，冷却系统及断流装置、励磁系统、保护装置性能稳定、工作可靠，上下油缸以及稀油水导轴承密封良好，叶片调节机构工作正常，主水泵汽蚀、振动以及主水泵轴承摆动、振动符合规定要求，泵管及进出水流道、结合面无漏水、漏气现象。

2. 辅机系统

油泵、水泵、空压机（真空破坏阀）以及辅机控制系统运行可靠，管道和阀件标识规范，密封良好，压力继电器、压力容器和各种表计等信号准确，动作可靠。

3. 高低压电气设备

高低压电气设备标识清楚，外部清洁，运行安全可靠。

4. 机电设备及防雷设施

各类电气设备、指示仪表、避雷设施符合规定，各类线路保持畅通，无安全隐患，备用发电机维护良好，能随时投入运行。

5. 闸门

闸门表面无明显锈蚀，闸门止水装置密封可靠，钢门体的承载构件无变形，运转部位的加油设施完好、畅通。

6. 启闭机

启闭机外观完好，控制系统动作可靠；传动件传动部位保持润滑；润滑系统注油设施可靠，限位装置有问题。

7. 土工建筑物

堤无雨淋沟、渗漏、裂缝、塌陷等缺陷，岸、翼墙后填土区无跌落、塌陷。

8. 石工建筑物

砌石护坡、护底无松动、塌陷等缺陷；浆砌块石墙身无渗漏、倾斜或错动，墙基无冒水冒沙现象；防冲设施（防冲槽、海漫等）无冲刷破坏；反滤设施、减压井、导渗沟、排水设施等保持畅通。

9. 混凝土建筑物完好率

混凝土结构表面整洁，有脱壳、剥落现象，伸缩缝填料无流失。

10. 观测设施完好率

观测设施目前先进性、自动化程度不高。观测设施完好率一般。

——评析——

通过更新改造的实施以及日常养护，闸门、主机泵、辅机系统、机电设备及防雷设施等工程设施状态良好、技术性能完好。观测设施的状态和技术性能良好。

泵站工程三级指标得分统计见表 8－5 所列，其中优秀赋 95 分、良好赋 85 分、一般赋 75 分、合格赋 65 分、不合格赋 50 分，乘以对应权重可得该三级指标最后得分，加权平均得出二级指标总分。

表 8-5 泵站工程三级指标得分统计

序号	三级指标	等级	权重	得分
1	主电机外壳保持无尘、无污、无锈	优秀	0.02	1.90
2	冷却系统及断流装置、励磁系统、保护装置性能稳定、工作可靠	优秀	0.04	3.80
3	上下油缸以及稀油水导轴承密封良好	优秀	0.04	3.80
4	叶片调节机构工作正常	优秀	0.04	3.80
5	主水泵汽蚀、振动及主水泵轴承摆动、振动符合规定要求	良好	0.04	3.40
6	泵管及进出水流道、结合面无漏水、漏气现象	优秀	0.02	1.90
主机泵总分				18.60
1	油泵、水泵、空压机（真空破坏阀）以及辅机控制系统运行可靠	优秀	0.04	3.80
2	管道和阀件标识规范，密封良好	优秀	0.02	1.90
3	压力继电器、压力容器和各种表计等信号准确，动作可靠	良好	0.04	3.40
辅机系统总分				9.10
1	高低压电气设备标识清楚	良好	0.04	3.40
2	高低压电气设备外部清洁	良好	0.02	1.70
3	高低压电气设备运行安全可靠	良好	0.04	3.40
高低压电气设备总分				8.50
1	各类电气设备、指示仪表、避雷设施符合规定	良好	0.01	0.85
2	各类线路保持畅通，无安全隐患	优秀	0.02	1.90
3	备用发电机维护良好，能随时投入运行	优秀	0.02	1.90
机电设备及防雷设施总分				4.65
1	闸门表面无明显锈蚀	优秀	0.02	1.90
2	闸门止水装置密封可靠	良好	0.02	1.70
3	钢门体的承载构件无变形	优秀	0.04	3.80
4	运转部位的加油设施完好、畅通	优秀	0.02	1.90

（续表）

		闸门总分			9.30
1	启闭机外观完好，控制系统动作可靠		良好	0.03	2.55
2	传动件传动部位保持润滑		优秀	0.02	1.90
3	润滑系统注油设施可靠，开高及限位装置准确可靠		良好	0.05	4.25
		启闭机总分			8.70
1	堤（坝）无雨淋沟、渗漏、裂缝、塌陷等缺陷		优秀	0.05	4.75
2	岸、翼墙后填土区无跌落、塌陷		优秀	0.05	4.75
		土工建筑物总分			9.50
1	砌石护坡、护底无松动、塌陷等缺陷		优秀	0.02	1.90
2	浆砌块石墙身无渗漏、倾斜或错动，墙基无冒水冒沙现象		优秀	0.02	1.90
3	防冲设施（防冲槽、海漫等）无冲刷破坏		良好	0.03	2.55
4	反滤设施、减压井、导渗沟、排水设施等保持畅通		优秀	0.03	2.85
		石工建筑物总分			9.20
1	混凝土结构表面整洁，无脱壳、剥落、露筋、裂缝等现象		良好	0.07	5.95
2	伸缩缝填料无流失		良好	0.03	2.55
		混凝土建筑物总分			8.50
1	观测设施先进、自动化程度高		良好	0.02	1.70
2	应具备的观测设施完好率		良好	0.03	2.55
		观测设施总分			4.25

8.2.3　水利工程信息化管理体系

1. 信息基础设施

——现状——

信息采集及时，包括沉降、压力、位移等，汛期记录每日水情表，并做好日常养护管理工作，远程视频监视点数量少，重点工程、重要节点自动监控覆盖率不够。信息化管理人员 2 人。

更新改造以来，机电科多次开闸缓解流域灾情，开闸期间，机电科快速响应，做到令到开闸，通过合理安排人员值班，明确值班人员各自的职责，严格按照防指要求进行监控，杜绝了水流倒灌、水位超标等问题，保证了开闸期间无运行故障、事故。2011年机电科首先对自动化系统进行培训，进行实际操作与理论培训相结合的方法，使职工基本掌握了自动化设备的分布、自动流程、各智能仪表的调试和设定方法。

——评析——

自动监控系统需进一步增加数量，提高自动监控覆盖率；网络建设需拓宽覆盖范围，形成更为完善的局域网，并与省防汛抗旱通信骨干网实现互联互通实现各重点工程区域的通信网络覆盖。

信息基础设施三级指标得分统计见表8-6所列，其中优秀赋95分、良好赋85分、一般赋75分、合格赋65分、不合格赋50分，乘以对应权重可得该三级指标最后得分，加权平均得出二级指标总分。

表 8-6　信息基础设施三级指标得分统计

序号	三级指标	等级	权重	得分
1	数据采集	优秀	0.09	8.55
2	工程自动监控系统	优秀	0.09	8.55
3	网络建设	优秀	0.09	8.55
4	信息化管理机构（或人员）	优秀	0.09	8.55
信息基础设施总分				34.2

2. 水利信息资源

——现状——

水文数据不足，无水文测站，地理信息系统尚未建立。

工程观测数据、运行管理数据记录良好。

——评析——

已建雨量和水位自动测报站采集点的密度较低，不能有效地全面掌握暴雨洪水的时空分布，不能适应新形势下防洪预警的要求。信息采集可靠性和时效性有待于进一步提高。

水利信息资源三级指标得分统计见表8-7所列，其中优秀赋95分、良好赋85分、一般赋75分、合格赋65分、不合格赋50分，乘以对应权重可得该三级指标最后得分，加权平均得出二级指标总分。

表 8-7　水利信息资源三级指标得分统计

序号	三级指标	等级	权重	得分
1	水文数据	不合格	0.09	4.50
2	工程观测数据	良好	0.09	7.65
3	运行管理数据	良好	0.09	7.65
4	地理信息数据	不合格	0.09	4.50
水利信息资源总分				24.3

3. 业务应用系统

——现状——

目前已建有单位门户网站，实现排灌站部分水文（情）、工情等信息的在线发布与查询。初步建立了防汛调度自动化体系，并制订了排灌站防汛抗旱调度运用办法。水资源管理、水质监测和评价、水利工程管理等业务应用系统建设尚未开展。

——评析——

应用系统建设不足，应用不够广泛。需要完成信息共享与交换系统、信息服务与发布系统、电子政务服务体系等。在实现信息共享及服务的同时应建设信息安全防护体系，实现水利网络与信息的安全管理。

业务应用系统三级指标得分统计见表 8-8 所列，其中优秀赋 95 分、良好赋 85 分、一般赋 75 分、合格赋 65 分、不合格赋 50 分，乘以对应权重可得该三级指标最后得分，加权平均得出二级指标总分。

表 8-8　业务应用系统三级指标得分统计

序号	三级指标	等级	权重	得分
1	水利信息综合服务	优秀	0.10	9.50
2	调度运行指挥系统	优秀	0.10	9.50
3	水利工程和河湖资源管理系统	良好	0.08	6.80
业务应用系统总分				25.80

8.2.4　水利工程调度运行及应急处理能力体系

1. 指挥决策科学化

——现状——

管理处不断改善办公设施，加大基建项目建设：（1）三楼会议室维修改造；（2）管理处大门及一楼走廊防盗窗更换；（3）对站前副厂房中控室和卫生间进行装饰；（4）新建移动门机机房；（5）泵站变电所避雷针改建和泵站备品备件采购。

管理处狠抓安全生产，确保工程管理和运行的安全。建立了安全生产责任制，加强工程自身的运行安全，完善运行规程，加强安全操作，定期组织安全生产检查，确保工程运行安全无事故和工程建设无事故。

管理处有防办，2011年通过《排灌站防汛抗旱调度运用办法》，调度指令的执行力强。

——评析——

办公设施需继续添置完善。防汛值班制度执行情况好，调度指令执行力强，调度运行基本信息实时程度需要进一步提高。

指挥决策科学化三级指标得分统计见表8-9所列，其中优秀赋95分、良好赋85分、一般赋75分、合格赋65分、不合格赋50分，乘以对应权重可得该三级指标最后得分，加权平均得出二级指标总分。

表 8-9 指挥决策科学化三级指标得分统计

序号	三级指标	等级	权重	得分
1	组织机构完善程度	优秀	0.04	3.80
2	岗位设置合理程度	优秀	0.04	3.80
3	办公设施齐全程度	良好	0.04	3.40
4	防汛值班制度执行情况	优秀	0.04	3.80
5	建立健全调度运用方案	优秀	0.08	7.60
6	调度指令的执行力	优秀	0.08	7.60
7	调度运行基本信息适时性程度	优秀	0.04	3.80
指挥决策科学化总分				33.8

2. 应急处置规范化

——现状——

（1）落实防汛抗旱工作责任制。管理处根据泵站工程管理规范，按照精细化管理的要求，将任务细化分解并明确到科室，责任到人，做到工程管理目标明确、任务清楚。

（2）注重宣传发动，全面部署防汛抗旱工作任务。管理处召开两次全体职工大会，分析防汛形势，对防汛抗旱工作进行专题部署和动员。

（3）修订完善防汛抗旱预案。为了全面提高管理处应对泵站工程管理、工程建设和防洪度汛工作中的各种突发性事件和抗风险能力，确保工程在度汛期间发生各类异常情况时科学有序、高效迅捷地组织开展事故排查、抢险救援工作，最大限度地维护工程运行、减少人员伤亡和财产损失，确保泵站安全度汛。管理处专题召开处务会，修订完善防汛抗旱预案，力争做到安全第一、预防为主，统一领导、分级负责，规范有序、保障到位。

（4）加大河道清障力度。2013 年 3 月份，管理处奉命开闸排水，在开闸排水过程中，大量水草杂物随水流漂浮集结在拦污栅前，厚度最大达 4 米多，面积达 3 万多平方米，密密麻麻淤满了整个河道，直接导致拦污栅上下游水位差达 3 米左右，严重影响排水效率。为此，管理处于 3 月中旬组织人员水下打捞作业、租用民船打捞，租用小四轮货车等运输工具运输，及时清除拦污栅前的水草和漂浮垃圾，经过近十天的奋战，河道水草基本打捞清除干净，排水畅通无阻。

（5）扎实开展汛前检查。为了安全度汛，确保电气设备安全运行，确保汛前试机能一次性成功通过，充分发挥工程效益，依据《泵站技术规范》《电气设备预防性试验规程》以及管理处防汛抗旱预案要求，管理处组织工程技术人员对六台机组的机电设备及辅机系统、48 台套启闭机、48 扇闸门、一座 35 千伏变电所、两条 7 公里长的 35 千伏输电线路，进行逐项检查维护，完成预防性试验、励磁和保护系统调试，对泵站水工建筑物进行垂直位移、水平位移、地下水扬压力、变形缝、河床变形等观测。并于 5 月 3 日对六台机组分别进行了汛前试运行，其中对 1 号、2 号、3 号、4 号和 6 号五台机组分别进行带负荷 30 分钟的试运行，对刚进行过大修的 5 号机组进行了带负荷一小时的试运行，均获一次性投试成功，机组运行平稳、机电设备性能稳定、状态正常，标志着管理站汛前各项准备工作已经完成，已经做到待令开机。

──评析──

日常检查科学合理，调度运行责任制全面落实，运行安全知识宣传适应性较好，应急预案建设较为齐全，统计报送时效性和准确性较高。

应急处置规范化三级指标得分统计见表 8 - 10 所列，其中优秀赋 95 分、良好赋 85 分、一般赋 75 分、合格赋 65 分、不合格赋 50 分，乘以对应权重可得该三级指标最后得分，加权平均得出二级指标总分。

表 8-10　应急处置规范化三级指标得分统计

序号	三级指标	等级	权重	得分
1	日常与专项检查情况	良好	0.06	5.10
2	调度运行责任制全面落实	优秀	0.08	7.60
3	运行安全知识宣传适应性	良好	0.04	3.40
4	应急预案建设及执行情况	良好	0.08	6.80
5	统计报送时效性和准确率	优秀	0.04	3.80
应急处置规范化总分				26.7

3. 防汛抢险专业化

——现状——

防汛队伍落实到位，防汛物资及泵站设备仪器的备品备件备足。管理处在 2013 年初调整防汛抗旱领导小组的同时，适时安排调整了机组维护人员和班次，四班四运转，成立了后勤捞草队，并与当地民工达成协议，成立了一支 50 余人的民工捞草后备队伍。同时，成立了兼职防汛抢险队，对潜水员进行了汛前演练。备足相关物资、器材和备件。

——评析——

防汛物资储备水平较高，管理水平有待提升。队伍建设较好，保障能力较强。调度队伍建设需进一步健全完善。

防汛抢险专业化三级指标得分统计见表 8-11 所列，其中优秀赋 95 分、良好赋 85 分、一般赋 75 分、合格赋 65 分、不合格赋 50 分，乘以对应权重可得该三级指标最后得分，加权平均得出二级指标总分。

表 8-11　防汛抢险专业化三级指标得分统计

序号	三级指标	等级	权重	得分
1	防汛物资贮备及管理水平	优秀	0.04	3.80
2	队伍建设与保障能力	优秀	0.08	7.60
3	建立健全调度队伍建设	优秀	0.08	7.60
防汛抢险专业化总分				19.00

4. 涉河事务管理

在工程管理范围内无违法现象产生。

涉河事务管理三级指标得分统计见表 8-12 所列，其中优秀赋 95 分、良好赋 85 分、一般赋 75 分、合格赋 65 分、不合格赋 50 分，乘以对应权重可得该三级指标最后得分，加权平均得出二级指标总分。

表 8-12   涉河事务管理三级指标得分统计

序号	三级指标	等级	权重	得分
1	无违法排污、私设排污口现象	优秀	0.03	2.85
2	无侵占河道、乱到垃圾现象	优秀	0.03	2.85
3	涉河项目按批准实施	优秀	0.04	3.80
4	采砂按批准区域开采	优秀	0.04	3.80
涉河事务管理总分				13.3

8.2.5   水生态管理体系

1. 水土流失治理

管理处认真落实"三线三边"环境整治，对于岸坡等存在的水土流失现象积极研究治理措施，以及在还未发生水土流失的区域通过人工栽种适宜植物进行水土流失防治。

水土流失治理三级指标得分统计见表 8-13 所列，其中优秀赋 95 分、良好赋 85 分、一般赋 75 分、合格赋 65 分、不合格赋 50 分，乘以对应权重可得该三级指标最后得分，加权平均得出二级指标总分。

表 8-13   水土流失治理三级指标得分统计

序号	三级指标	等级	权重	得分
1	水土流失治理率	合格	0.18	11.70
2	水土流失治理措施	合格	0.12	7.80
水土流失管理总分				19.50

2. 水质达标管理

该排灌站承担着流域防洪、排涝、生态补水、水资源合理配置和高效利用、改善水环境等公益性任务。工程受益范围，近期灌溉面积为 400 万亩，远期为 590 万亩农田补充灌溉水源，灌溉保证率可达 90%。工程直接排涝面积 270 多万亩。

水质达标管理三级指标得分统计见表 8-14 所列，其中优秀赋 95 分、良好赋 85 分、一般赋 75 分、合格赋 65 分、不合格赋 50 分，乘以对应权重可得该三级指标最后得分，加权平均得出二级指标总分。

表 8-14　水质达标管理三级指标得分统计

序号	三级指标	等级	权重	得分
1	水质达标程度	合格	0.18	11.70
2	水质管理措施	合格	0.12	7.80
水质达标管理总分				19.50

3. 环境管理

该排灌站工程管理范围总面积为 99 亩，其中陆地面积 51 亩，水面面积 48 亩。水面打捞漂浮物等保洁工作时常进行，保洁效果良好。

环境管理三级指标得分统计见表 8-15 所列，其中优秀赋 95 分、良好赋 85 分、一般赋 75 分、合格赋 65 分、不合格赋 50 分，乘以对应权重可得该三级指标最后得分，加权平均得出二级指标总分。

表 8-15　环境管理三级指标得分统计

序号	三级指标	等级	权重	得分
1	划界范围的保洁率	合格	0.07	4.55
2	确权范围的保洁率	良好	0.07	5.95
3	保洁效果	良好	0.06	5.10
环境管理总分				15.60

4. 绿化管理

为了把该排灌站打造成国内一流的现代化泵站，管理处在进行泵站大规模更新改造的同时，于 2009 年初，委托风景园林设计研究院对管理站区东庄台约 30 亩地面同步进行了统一规划设计。对设计图纸经过反复审查、修改，对东庄台原木材加工厂进行拆除，对东庄台地面进行吹填、场地平整，并根据单位财力进行逐年分步实施。

东庄台五年规划的主要内容有：进站主要道路、管理房、检修钢闸门仓库、近水平台、小拱桥、亭子、池塘、草坪、绿化树木、四季花卉、翠竹、林间小道、篮球场、土石方工程等。2013 年初，管理站又在东庄台上建造三个景观亭，其中，主亭子为六角亭，外形美观，为站区环境增添了新的色彩。

绿化管理三级指标得分统计见表 8-16 所列，其中优秀赋 95 分、良好赋 85 分、一般赋 75 分、合格赋 65 分、不合格赋 50 分，乘以对应权重可得该三级指标最后得分，加权平均得出二级指标总分。

表 8-16　绿化管理三级指标得分统计

序号	三级指标	等级	权重	得分
1	划界范围绿化覆盖率	良好	0.07	5.95
2	确权范围绿化覆盖率	合格	0.07	4.55
3	绿化效果	良好	0.06	5.10
绿化管理总分				15.60

8.3　管理现代化进展评价

8.3.1　二级指标评价

由表 8-1～表 8-16 可统计得出五项一级指标的综合分值与实现程度。

1. 水利工程规范化管理体系

表 8-17　水利工程规范化管理体系得分统计

序号	二级指标	权重	相应分值
1	组织管理	0.16	14.70
2	安全管理	0.18	15.75
3	运行管理	0.52	44.33
4	经济管理	0.14	12.80

该一级指标综合分值为 87.58，目标值为 100.0，则实现程度为 87.58%

2. 水利工程设施设备管理体系

表 8-18　泵站工程二级指标得分统计

序号	二级指标	权重	相应分值
3	主机泵	0.2	18.6
4	辅机系统	0.1	9.1

（续表）

序号	二级指标	权重	相应分值
5	高低压电气设备	0.1	8.5
6	机电设备及防雷设施	0.05	4.65
1	闸门	0.1	9.3
2	启闭机	0.1	8.7
7	土工建筑物完好率	0.1	9.5
8	石工建筑物完好率	0.1	9.2
9	混凝土建筑物完好率	0.1	8.5
10	观测设施完好率	0.05	4.25

该一级指标综合分值为90.3，目标值为95.0，则实现程度为95.1%

3. 水利工程信息化管理体系

表 8-19　水利工程信息化管理体系得分统计

序号	二级指标	权重	相应分值
1	信息基础设施	0.36	34.2
2	水利信息资源	0.36	24.3
3	业务应用系统	0.28	25.8

该一级指标综合分值为84.3，目标值为90.0，则实现程度为93.7%

4. 水利工程调度运行及应急处理能力体系

表 8-20　水利工程调度运行及应急处理能力体系得分统计

序号	二级指标	权重	相应分值
1	指挥决策科学化	0.36	33.8
2	应急处置规范化	0.30	26.7
3	防汛抢险专业化	0.20	19.0
4	涉河事务管理	0.14	13.3

该一级指标综合分值为92.8，目标值为100.0，则实现程度为92.8%

5. 水生态管理体系

表 8-21　水生态管理体系得分统计

序号	二级指标	权重	相应分值
1	水土流失治理	0.30	19.5
2	水质达标管理	0.30	19.5
3	环境管理	0.20	15.6
4	绿化管理	0.20	15.6

该一级指标综合分值为 70.2，目标值为 95.0，则实现程度为 73.9%

8.3.2　综合评价

表 8-22　管理处综合得分统计

序号	一级指标	权重	目标值	现状值	实现程度
1	水利工程规范化管理体系	0.30	100	87.6	87.6%
2	水利工程设施设备管理体系	0.25	95	90.3	95.1%
3	水利工程信息化管理体系	0.15	90	82.5	91.7%
4	水利工程调度运行及应急处理能力体系	0.20	100	92.6	92.6%
5	水生态环境管理体系	0.10	95	70.2	72.9%

管理处管理现代化综合得分为 86.8，实现程度为 89.6%

8.3.3　分析评价总结

（1）管理处管理现代化综合实现程度为 89.6%，大于 85%，属于初步实现现代化，表明管理处在管理现代化建设总体上取得了显著成效；但由于一级指标中"水生态环境管理体系"实现程度为 73.9%，低于初步实现现代化的要求，故最终评价结果为未实现管理现代化。

（2）一级指标中"水利工程设施设备管理体系"、"水利工程信息化管理体系"和"水利工程调度运行及应急处理能力体系"三项实现程度超过 90%，其中"水利工程设施设备管理体系"实现程度超过 95%，表明排灌站设施状态和技术性能完好，规范化、制度化、现代化的管理水平得到很大提高，也取得了良好的管理效果。

（3）一级指标中"水利工程规范化管理体系"实现程度为 87.58%，虽然已达到初步实现现代化水平，但低于排灌站管理现代化综合实现程度，故在组织管理、安全管理、运行管理等方面还有进一步提升空间。

（4）一级指标中"水生态环境管理体系"实现程度为 73.9%，未达到初步实现现代化标准，是排灌站管理现代化发展的短板。

第 9 章　灌区管理现代化
进展实例分析评价

选取某灌区作为典型工程进行实例分析，结合灌区管理局的实践和现代化建设情况，对照和应用水利工程管理现代化评价指标体系和评价方法，对其管理现代化建设进展作分析评价。主要内容：（1）管理现代化评价指标与权重选择；（2）管理现代化评价指标达到水平评析；（3）管理现代化进展评价。

9.1　管理现代化评价指标与权重选择

对灌区管理现代化进行评价，一级评价指标为 5 项，其中水利工程设施设备管理体系主要评价堤防工程（含水库土建）、水闸工程（含水库泄洪闸）、泵站工程、渡槽工程四部分，故二级评价指标合计有 42 项。应用层次分析法和专家打分法综合确定该灌区分级指标及相应权重值如下：

1. 一级评价指标及权重值

（1）水利工程规范化管理体系权重 0.30

（2）水利工程设施设备管理体系权重 0.25

（3）水利工程信息化管理体系权重 0.10

（4）水利工程调度运行及应急处理能力体系权重 0.25

（5）水生态管理体系权重 0.10

2. 二级评价指标及权重值

（1）水利工程规范化管理体系

① 组织管理权重 0.16

② 安全管理权重 0.18

③ 运行管理权重 0.52

④ 经济管理权重 0.14

（2）水利工程设施设备管理体系

水利工程设施设备管理体系中，堤防工程（含水库土建）、水闸工程（含水库泄洪闸）、泵站工程、渡槽工程四部分权重均为 0.25。

1）堤防工程（含水库土建）

① 堤防（坝）断面权重 0.20

② 堤（坝）顶道路权重 0.10

③ 堤防（坝）防护工程权重 0.10

④ 穿堤建筑物权重 0.25

⑤ 生物防护工程权重 0.05

⑥ 排水系统权重 0.10

⑦ 观测设施权重 0.10

⑧ 管理辅助设施权重 0.10

2）水闸工程（含水库泄洪闸）

① 闸门权重 0.30

② 启闭机权重 0.20

③ 机电设备及防雷设施权重 0.10

④ 土工建筑物权重 0.10

⑤ 石工建筑物权重 0.10

⑥ 混凝土建筑物权重 0.10

⑦ 观测设施权重 0.10

3）泵站工程

① 主机泵权重 0.20

② 辅机系统权重 0.10

③ 高低压电气设备权重 0.10

④ 机电设备及防雷设施权重 0.05

⑤ 闸门权重 0.10

⑥ 启闭机权重 0.10

⑦ 土工建筑物权重 0.10

⑧ 石工建筑物权重 0.10

⑨ 混凝土建筑物权重 0.10

⑩ 观测设施权重 0.05

4）渡槽工程

① 土工建筑物权重 0.28

② 石工建筑物权重 0.36

③ 混凝土建筑物权重 0.36

（3）水利工程信息化管理体系

① 信息基础设施权重 0.36

② 水利信息资源权重 0.36

③ 业务应用系统权重 0.28

（4）水利工程调度运行及应急处理能力体系

① 指挥决策科学化权重 0.36

② 应急处置规范化权重 0.30

③ 防汛抢险专业化权重 0.20

④ 涉河事务管理 0.14

（5）水生态管理体系

① 水土流失治理权重 0.30

② 水质达标管理权重 0.30

③ 环境管理权重 0.20

④ 绿化管理权重 0.20

3. 三级评价指标及权重值

见管理现代化评价指标达到水平评析。

9.2　管理现代化评价指标达到水平评析

9.2.1　水利工程规范化管理体系

1. 组织管理

——现状——

某灌区（下简称灌区）位于某市某水库下游，覆盖四县 25 个乡镇，境内人口近百万。灌区总控制面积 1195.9 平方公里，设计灌溉面积 70553 公顷，其中自然灌溉面积 55733 公顷，提水灌溉面积 14820 公顷，渠首设计引水流量 70 立方米/秒，有效灌溉面积 43840 公顷，属国家大（二）型灌区。

该灌区管理局（下简称管理局）为灌区管理委员会（下简称灌区管委会）

常设机构，市直单位，县级建制，2002 年界定为公益性事业单位。灌区内四个管理所行政归所在县水利主管部门领导，业务由管理局管理。

2005 年 12 月，管理局在册职工 146 人，其中技术人员 63 人，离、退休人员 46 人。灌区内四个所在册职工情况为：管理所一在册职工 18 人，其中技术人员 9 人；管理所二在册职工 57 人，其中技术人员 14 人；管理所三在册职工 64 人，其中技术人员 17 人；管理所四在册职工 14 人，其中技术人员 6 人。全灌区管理单位在册职工 299 人，其中技术人员 109 人。

建立有效的考核机制，每半年考核一次，由 7 人组成的考核组考核，年终考核一次，有明确的考核细则。

管理局不断加强内部管理：一是要加大目标考核力度。通过目标责任管理机制，进一步细化、量化指标，调动广大职工的工作积极性，加大奖惩力度，从而提高日常管理水平。二是坚持领导联系点制度和灌溉期间领导带队督查制度。三是大力做好水费收缴工作，强化政策执行力度，收好收足水费。四是降低运行成本，压缩非生产性开支，大力开展增产节约、增收节支活动，量化经济指标，实行目标管理。

单位有职工培训计划，培训计划落实 90％左右。职工年培训率 60％，年均 55 人以上。

管理局严格执行技术人员经培训上岗，关键岗位持证上岗。

——评析——

人员数量不足，岗位尚有空缺，职工年龄老化严重。考核机制有效规范，职工培训计划落实较好。各项管理规章制度执行情况一般，有待加强。

组织管理三级指标得分统计见表 9-1 所列，其中优秀赋 95 分、良好赋 85 分、一般赋 75 分、合格赋 65 分、不合格赋 50 分，乘以对应权重可得该三级指标最后得分，加权平均得出二级指标总分。

表 9-1　组织管理三级指标得分统计

序号	三级指标	等级	权重	得分
1	岗位设置合理	一般	0.02	1.50
2	建立有效考核机制	优秀	0.01	0.95
3	单位有职工培训计划并按计划落实实施	良好	0.03	2.55
4	建立健全并不断完善各项管理规章制度，各项制度认真落实，执行效果好	良好	0.03	2.55

（续表）

序号	三级指标	等级	权重	得分
5	工作职责、任务明确	良好	0.01	0.85
6	职工年培训率	良好	0.03	2.55
7	技术人员（包括工程技术人员和技术工人）经培训上岗，关键岗位持证上岗	良好	0.03	2.55
组织管理总分				13.5

2. 安全管理

——现状——

2015 年，管理局加强安全管理计划：一是层层签订安全生产目标责任书，强化安全生产责任意识；二是采取得力措施，查隐患，堵漏洞，防微杜渐，一旦发生险情，立即启动应急预案，确保工程安全施工、安全运行，电站安全发供电，车辆安全行使，实现全年安全生产无事故的目标；三是杜绝各类人为安全事故发生，凡是人为因素造成的安全生产事故，一定要严肃查处。

管理局落实防汛和安全管理责任制，每年一次安全考核，有安全管理应急预案。未定期开展安全鉴定工作。

——评析——

灌区安全运行可靠，未发生安全责任事故。工程大部分达不到设计标准，需要定期开展安全鉴定工作。

安全管理三级指标得分统计见表 9-2 所列，其中优秀赋 95 分、良好赋 85 分、一般赋 75 分、合格赋 65 分、不合格赋 50 分，乘以对应权重可得该三级指标最后得分，加权平均得出二级指标总分。

表 9-2　安全管理三级指标得分统计

序号	三级指标	等级	权重	得分
1	工程达到设计防洪（或竣工验收）标准	良好	0.03	2.55
2	定期开展安全鉴定工作，鉴定成果用于指导工程的安全运行和除险加固	不合格	0.03	1.50
3	落实防汛和安全管理责任制	优秀	0.03	2.85
4	制定安全管理应急预案	良好	0.03	2.55
5	在设计标准情况下，未发生工程安全或其他重大安全责任事故	优秀	0.06	5.70
安全管理总分				15.15

3. 运行管理

——**现状**——

（1）管理局制定严格的年、月及日常巡查工作计划，巡查有记录，但记录不完整。

（2）农业灌溉管理：精心组织、科学调度好灌溉供水工作，创造最佳社会效益和自身经济效益。一是统筹安排。第一，制定好各种预案、用水计划，签署供水合同。第二，组织职工对渠道、建筑物进行全面检查，发现问题，及时处理。第三，抓基建工程和冬修工程的进度，确保按时通水。二是科学调度。第一，统筹协调水源。在市防指的领导和协调下，使水源满足灌溉用水的需要，确保灌区范围内农作物生长关键期灌溉需水。第二，统一调度供水。牢固树立"灌区一盘棋"思想，着力提高水资源的优化配置和统一管理，正确处理上下游关系，坚持"下游为先，下游为重"的原则，以渠系为单位，先下后上，全面灌溉，最大限度发挥灌溉效益。三是加强服务保障。要经常深入田间地头了解农业生产用水情况，倾听群众呼声，到各级渠道察看水情，确保渠道安全顺畅输水。在供水期间，各所、站实行工作目标管理，做好服务，增强责任。四是积极推动末级渠系的管理创新，促进灌区的延伸扩效。

（3）工程建设管理：一是全力推进灌区续建配套与节水改造工程总体可研报告的编制和上报工作，努力增加储备项目。二是全力做好某槽的拆除重建工作，确保按时完工通水。三是抓好已完工程的竣工验收。

（4）灌区资源管理：解放思想，超常思维，拓宽收入渠道，加强对现有实体的经营管理，盘活闲置资产。一是认真抓好小水电的运行管理，优化调度，力争全年发电600万KWh。二是认真抓好小水电增效扩容改造的扫尾工作。三是把下属公司做大做强，提高资质等级，积极开拓市场，参与社会竞争，扩大市场份额，提高公司业绩的多样性。四是加强对新老城房屋店面的管理，根据市场行情，适时提高房屋租金，确保国有资产的保值增值。五是积极开发利用好灌区水土资源，大力发展"渠道经济"。

（5）水政执法：加强水法宣传、加大执法力度，坚决铲除违章种植、坚决遏制违章建筑，积极查处水事违法行为，认真抓好"三线三边"环境整治工作。一是加大宣传力度，强化公民的守法意识和法制观念。二是加大查处力度，维护水利法规的权威性和严肃性。

（6）灌区设施管理养护水平较低，工程观测仪器不先进，自动化程度差，观测资料不齐全，未整编成册，灌区无水文报汛系统，未实现自动测报。害堤动物的防治是发生后治理，未定期检查。

——评析——

灌区各类工程管理标志、标牌不足，观测设施有破损，混凝土也有老化破损现象，堤顶路面有显著破损，工程养护质量不高，工程观测的先进性和自动化程度低，需要加强。

运行管理三级指标得分统计见表 9-3 所列，其中优秀赋 95 分、良好赋 85 分、一般赋 75 分、合格赋 65 分、不合格赋 50 分，乘以对应权重可得该三级指标最后得分，加权平均得出二级指标总分。

表 9-3　运行管理三级指标得分统计

序号	三级指标	等级	权重	得分
1	制定年、月及日常巡查工作计划	优秀	0.01	0.95
2	巡查记录规范，有处理意见，按规定期限向有关部门报送巡查报表	良好	0.01	0.85
3	定期组织水法规学习培训，管理人员熟悉水法规及相关法规，做到依法管理	良好	0.01	0.85
4	水法规等标语、标牌醒目	优秀	0.01	0.95
5	水文化建设	良好	0.01	0.85
6	配合有关部门对水环境进行有效保护和监督	良好	0.01	0.85
7	对河湖内阻水生物、建筑物的数量、位置、设障单位等情况清楚	良好	0.01	0.85
8	执行上级调度命令情况	优秀	0.01	0.95
9	管理技术操作规程健全，按章操作	优秀	0.01	0.95
10	及时开展维修养护，记录规范	良好	0.01	0.85
11	按规定及时上报有关报告、报表	优秀	0.01	0.95
12	工程无缺损、无坍塌、无松动	一般	0.02	1.50
13	工程整洁美观	一般	0.02	1.50
14	堤顶（后戗、防汛路）路面满足防汛抢险通车要求	一般	0.02	1.50
15	路面完整、平坦，无坑、无明显凹陷和波状起伏，雨后给水能及时排除	一般	0.02	1.50

（续表）

序号	三级指标	等级	权重	得分
16	穿堤（坝）建筑物符合安全运行要求	良好	0.02	1.70
17	金属结构及启闭设备养护良好，运转灵活	良好	0.02	1.70
18	混凝土无老化、破损现象	一般	0.02	1.50
19	堤（坝）身与建筑物联结可靠，结合部无隐患、无渗漏现象	良好	0.02	1.70
20	定期开展害堤动物防治检查和防治	一般	0.02	1.50
21	定期探查工程隐患	一般	0.02	1.50
22	金属结构、机电设备维护考核	优秀	0.02	1.90
23	各类工程管理标志、标牌（里程桩、禁行杆、分界牌、疫区标志牌、警示牌、险工险段及工程标牌、工程简介牌、功能区标识等）齐全	良好	0.015	1.28
24	各类工程管理标志、标牌（同上）醒目	良好	0.015	1.28
25	各类工程管理标志、标牌（同上）美观	良好	0.015	1.28
26	熟悉掌握工程基本情况，按要求对工程及河势进行观测	优秀	0.03	2.85
27	观测资料及时分析，整编成册	优秀	0.02	1.90
28	观测设施完好率	良好	0.05	4.25
29	管理范围内整洁美观	一般	0.015	1.13
30	管理范围水面无漂物	一般	0.015	1.13
31	管理范围陆域无垃圾	一般	0.015	1.13
运行管理总分				43.58

4. 经济管理

——现状——

按照水利部、财政部颁布的《水利工程管理单位定岗标准（试行）》以及《水利工程维修养护定额标准（试行）》测算标准，2015 年，管理局应到维修养护费 805 万元，运行管理费 300 万元，实到维修养护费 200 万元，运行管理费 150 万元。

管理局有主管部门批准的年度预算计划，严格执行财务会计制度，无违规违纪行为，开支合理。

——评析——

管理局管理经费开支合理，无违规违纪行为，未实现管养分离，"两费"及时但不足额。

经济管理三级指标得分统计见表 9-4 所列，其中优秀赋 95 分、良好赋 85 分、一般赋 75 分、合格赋 65 分、不合格赋 50 分，乘以对应权重可得该三级指标最后得分，加权平均得出二级指标总分。

表 9-4　经济管理三级指标得分统计

序号	三级指标	等级	权重	得分
1	管养分离及购买服务	良好	0.05	4.25
2	维修养护、运行管理费用来源渠道畅通，"两费"及时足额到位	合格	0.03	1.95
3	有主管部门批准的年度预算计划	优秀	0.03	2.85
4	开支合理，严格执行财务会计制度，无违规违纪行为	优秀	0.03	2.85
经济管理总分				11.90

9.2.2　水利工程设施设备管理体系

——现状——

1. 灌区建设情况

灌区建设划分为：初建（1958—1970），扩建（1971—1986），续建与支渠配套（1987—1998），续建配套与节水改造（1999—至今）。

初建（1958—1970）阶段：1958—1964 为第一期。1958 年冬修，灌区四县政府组织民工共同开挖河流；1959 年 1 月，在一个县成立花灌区指挥部，1959 年 8 月，报灌区工程计划，1961 年 10 月，省水利厅开始投资兴建；1965 年至 1970 年为第二期，这个时期地区行署成立灌区工程指挥部。

扩建阶段：1970 年，地区行署召开花灌工程扩建会议，确定渠首设计流量为 100m³/秒，设计灌溉面积为 68866.67 公顷，1971 年 12 月，组织 6 万民工进行大规模的渠道扩挖。1972 年 7 月，灌区扩建工程初设报批，总投资 2300 万元，1973 年在此基础上做了修正设计。

续建与支渠配套阶段：大规模扩建工程结束后，灌区进行建管并举阶段。1982 年，灌区支渠渠系工程初设报批，1983 年至 1986 年，总干遗留土石方工程获得清理；总干部分防洪工程配套建筑物获得建设，大支渠的配套工程获得实施通过这些工程的实施和建设，使灌区有效灌溉面积大大提高。

续建配套与节水改造阶段：1991 年，灌区管理局对灌区总干干渠上 1850 座建筑物进行了调查，发现老化和损坏 1379 座，对此，1996 年，灌区编制扩建工程调整概算，1999 年 1 月获省计委批复，根据水利部批文，1999 年 12 月，灌区又上报了灌区续建配套与节水改造规划，2000 年 4 月该规划获批，主要工程是三防工程，总分干控制工程，泄洪河工程和大型骨干工程的除险加固。目前这项工程已经基本完成。

2. 水源情况

灌区主要水源为某水库。该水库设计兴利水位 88m，相应兴利库容 8.75 亿 m³，但在实际运行中，由于库区移民问题的制约，省政府确定正常蓄水位 80.0～82.8m，所以实际兴利库容只有 4.99 亿 m³。水库的死水位 74m，死库容 6.55 亿 m³（1978 年大旱水库水位曾经最低放至 47.87m，相应预留库容 450 万 m³）。输水洞（发电洞）底板高程 43m，发电装机 4 台、4 万 kW，发电最大下泄流量 113.2m³/s；灌区范围现有中型水库 2 座，小（一）型水库 4 座，兴利库容 0.37 亿 m³；还有小（二）型水库和塘坝共 1.8 万处，总容量 0.982 亿 m³。

灌区渠首引水枢纽位于水库大坝下 2.5km 处，由滚水坝、冲砂闸、新老进水闸和电站防洪闸等组成。滚水坝横跨长河，全长 275m，坝顶高程 42.75m；冲砂闸 3 孔，设计排水流量 360m³/s；老进水闸 2 孔，孔径 3.2m×3.6m，设计引水流量 16.8m³/s；新进水闸 3 孔，孔径 5.0m×3.68m，设计引水流量 53.2m³/s。二闸共同引水入总干渠。

灌区渠首设计引水流量是 70m³/秒，其次是沿湖的河湖泵站和灌区内塘坝和小水库，提水站不多，且规模小。灌区水源充足，渠首进水闸每年从水库中引进水量在 6 亿 m³ 以上，但用于灌溉的只有 2.0 亿 m³ 左右，灌溉的效益和灌区灌溉水资源的利用没有达到最佳，这是灌区目前最大的资源利用问题。

3. 工程情况

灌区现已建成三座小型水力发电站，总装机 7 台，2940kW。灌区总干渠全长 36.7km，渠首设计引水流量 70m³/s，历年实际最大引水流量 78m³/s。总干渠以下有干渠 4 条，总长 156.11km。第一个干渠 21.75km，设计引水流量 8.33m³/s，历年实际最大引水流量 6.9m³/s；第二个干渠 40.36km，设计 22.6m³/s，历年实际最大引水流量 22.4m³/s；第三个干渠 49.4km，设计 11.08m³/s，实际最大达 11.20m³/s；第四个干渠 44.6km，设计 12.2m³/s，实际最大 11.65m³/s。干渠以下分干渠 6 条，总长 88.78km，万亩以上支渠 24 条，总长 186.8km。

灌区内 1m³/s 以上的灌溉渠道 32 条，长度 332.8km，其中衬砌长度 48.1km，渠系建筑物 1487 座；1m³/s 以上的灌排结合渠道 22 条，长度 113.5km，其中衬砌长度 23.7km，渠系建筑物 478 座；3m³/s 以上的排水沟道 34 条，长度 147.6km，渠系建筑物 337 座。

——评析——

灌区设施设备完好率普遍不高，金属结构及启闭设备使用时间长，有老化现象，观测设施不足，自动化程度低，生物防护工程差，有待进一步加强。

设施管理三级指标得分统计见表 9-5、表 9-6、表 9-7、表 9-8 所列，其中优秀赋 95 分、良好赋 85 分、一般赋 75 分、合格赋 65 分、不合格赋 50 分，乘以对应权重可得该三级指标最后得分，加权平均得出二级指标总分。

表 9-5　堤防工程（含水库土建）三级指标得分统计

序号	三级指标	等级	权重	得分
1	堤身断面、护坝地（面积）保持设计或竣工验收的尺度	良好	0.1	8.50
2	堤肩线直、弧圆，坝坡平顺	一般	0.03	2.25
3	堤身无裂缝、冲沟、洞穴，无杂物垃圾堆放	良好	0.07	5.95
堤防（坝）断面总分				16.70
1	坝顶路面满足防汛抢险通车要求	良好	0.06	5.10
2	路面完整、平坦、无坑、无明显凹陷和波状起伏	一般	0.04	3.00
堤（坝）顶道路总分				8.10
1	护坡、护岸、丁坝、护脚等防护工程无缺损	一般	0.03	2.25
2	护坡、护岸、丁坝、护脚等防护工程无坍塌	一般	0.04	3.00
3	护坡、护岸、丁坝、护脚等防护工程无松动	一般	0.03	2.25
堤（坝）防护工程总分				7.50
1	穿堤建筑物（涵闸、溢洪道、输水洞等）金属结构及启闭设备运转灵活	良好	0.08	6.80
2	混凝土无老化、破损现象	良好	0.04	3.40
3	堤身与建筑物联结可靠	良好	0.06	5.10
4	堤身与建筑物结合部无隐患、渗漏现象	良好	0.07	5.95

（续表）

	穿堤建筑物总分			21.25
1	工程管理范围内的宜绿化面积绿化率	一般	0.01	0.75
2	树草种植合理，宜植防护林的地段能形成生物防护体系	一般	0.01	0.75
3	堤坡草皮整齐，无高秆杂草	一般	0.01	0.75
4	堤肩草皮（有堤肩边埝的除外）每侧宽 0.5m 以上	一般	0.01	0.75
5	林木缺损率小于 5%，无病虫害	一般	0.01	0.75
	生物防护工程总分			3.75
1	排水沟、减压井、排渗沟齐全、畅通	一般	0.05	3.75
2	排水沟、减压井、排渗沟沟内无杂草、杂物	一般	0.025	1.88
3	排水沟、减压井、排渗沟无堵塞、破损现象	一般	0.025	1.88
	排水系统总分			7.50
1	观测设施先进，自动化程度高	良好	0.04	3.40
2	应具备的观测设施完好率	良好	0.06	5.10
	观测设施总分			8.5
1	各类工程管理标志、标牌（里程桩、禁行杆、分界牌、疫区标志牌、警示牌、险工险段及工程标牌、工程简介牌等）齐全	良好	0.04	3.40
2	各类工程管理标志、标牌（同上）醒目	良好	0.03	2.55
3	各类工程管理标志、标牌（同上）美观	良好	0.03	2.55
	管理辅助设施总分			8.5

表9-6 水闸工程（含水库泄洪闸）三级指标得分统计

序号	三级指标	等级	权重	得分
1	闸门表面无明显锈蚀	不合格	0.04	2.00
2	闸门止水装置密封可靠	良好	0.08	6.80
3	钢门体的承载构件无变形	优秀	0.12	11.40
4	运转部位的加油设施完好、畅通	良好	0.06	5.10
	闸门总分			24.90
1	启闭机外观完好，控制系统动作可靠	优秀	0.06	5.70

（续表）

2	传动件传动部位保持润滑	优秀	0.02	1.90
3	润滑系统注油设施可靠，开高及限位装置准确可靠	良好	0.12	10.20
启闭机总分				17.80
1	各类电气设备、指示仪表、避雷设施符合规定	良好	0.03	2.55
2	各类线路保持畅通，无安全隐患	良好	0.03	2.55
3	备用发电机维护良好，能随时投入运行	不合格	0.04	2.00
机电设备及防雷设施总分				6.70
1	堤（坝）无雨淋沟、渗漏、裂缝、塌陷等缺陷	一般	0.05	3.75
2	岸、翼墙后填土区无跌落、塌陷	优秀	0.05	4.75
土工建筑物总分				8.50
1	砌石护坡、护底无松动、塌陷等缺陷	一般	0.02	1.50
2	浆砌块石墙身无渗漏、倾斜或错动，墙基无冒水冒沙现象	一般	0.02	1.50
3	防冲设施（防冲槽、海漫等）无冲刷破坏	良好	0.03	2.55
4	反滤设施、减压井、导渗沟、排水设施等保持畅通	一般	0.03	2.25
石工建筑物总分				7.80
1	混凝土结构表面整洁，无脱壳、剥落、露筋、裂缝等现象	良好	0.07	5.95
2	伸缩缝填料无流失	良好	0.03	2.55
混凝土建筑物总分				8.50
1	观测设施先进、自动化程度高	一般	0.04	3.00
2	应具备的观测设施完好率	良好	0.06	5.10
观测设施总分				8.10

表 9-7　泵站工程三级指标得分统计

序号	三级指标	等级	权重	得分
1	主电机外壳保持无尘、无污、无锈	优秀	0.02	1.90
2	冷却系统及断流装置、励磁系统、保护装置性能稳定、工作可靠	优秀	0.04	3.80

（续表）

3	上下油缸以及稀油水导轴承密封良好	优秀	0.04	3.80
4	叶片调节机构工作正常	优秀	0.04	3.80
5	主水泵汽蚀、振动及主水泵轴承摆动、振动符合规定要求	优秀	0.04	3.80
6	泵管及进出水流道、结合面无漏水、漏气现象	不合格	0.02	1.00
主机泵总分				17.90
1	油泵、水泵、空压机（真空破坏阀）以及辅机控制系统运行可靠	优秀	0.04	3.80
2	管道和阀件标识规范，密封良好	优秀	0.02	1.90
3	压力继电器、压力容器和各种表计等信号准确，动作可靠	优秀	0.04	3.80
辅机系统总分				9.50
1	高低压电气设备标识清楚	优秀	0.04	3.80
2	高低压电气设备外部清洁	优秀	0.02	1.90
3	高低压电气设备运行安全可靠	优秀	0.04	3.80
高低压电气设备总分				9.50
1	各类电气设备、指示仪表、避雷设施符合规定	优秀	0.01	0.95
2	各类线路保持畅通，无安全隐患	优秀	0.02	1.90
3	备用发电机维护良好，能随时投入运行	不合格	0.02	1.00
机电设备及防雷设施总分				3.65
1	闸门表面无明显锈蚀	不合格	0.02	1.00
2	闸门止水装置密封可靠	优秀	0.02	1.90
3	钢门体的承载构件无变形	优秀	0.04	3.80
4	运转部位的加油设施完好、畅通	优秀	0.02	1.90
闸门总分				8.40
1	启闭机外观完好，控制系统动作可靠	优秀	0.03	2.85
2	传动件传动部位保持润滑	优秀	0.02	1.90
3	润滑系统注油设施可靠，开高及限位装置准确可靠	优秀	0.05	4.75
启闭机总分				9.50

（续表）

1	堤（坝）无雨淋沟、渗漏、裂缝、塌陷等缺陷	良好	0.05	4.25
2	岸、翼墙后填土区无跌落、塌陷	优秀	0.05	4.75
土工建筑物总分				9.00
1	砌石护坡、护底无松动、塌陷等缺陷	良好	0.02	1.70
2	浆砌块石墙身无渗漏、倾斜或错动，墙基无冒水冒沙现象	良好	0.02	1.70
3	防冲设施（防冲槽、海漫等）无冲刷破坏	良好	0.03	2.55
4	反滤设施、减压井、导渗沟、排水设施等保持畅通	良好	0.03	2.55
石工建筑物总分				8.50
1	混凝土结构表面整洁，无脱壳、剥落、露筋、裂缝等现象	优秀	0.07	6.65
2	伸缩缝填料无流失	一般	0.03	2.25
混凝土建筑物总分				8.90
1	观测设施先进、自动化程度高	优秀	0.02	1.90
2	应具备的观测设施完好率	优秀	0.03	2.85
观测设施总分				4.75

表9-8 渡槽工程三级指标得分统计

序号	三级指标	等级	权重	得分
1	岸坡填土区无跌落	良好	0.07	5.95
2	岸坡填土区无塌陷	良好	0.07	5.95
3	翼墙后填土区无跌落	良好	0.07	5.95
4	翼墙后填土区无塌陷	良好	0.07	5.95
土工建筑物总分				23.80
1	槽身无渗漏、裂缝、塌陷等缺陷	良好	0.06	5.10
2	支撑结构无渗漏、裂缝、塌陷等缺陷	良好	0.06	5.10
3	砌石护底无松动、塌陷等缺陷	一般	0.06	4.50
4	砌石护坡无松动、塌陷等缺陷	一般	0.06	4.50
5	防冲设施无冲刷破坏	优秀	0.12	11.40

（续表）

	石工建筑物总分			30.60
1	混凝土结构表面整洁，无脱壳、剥落、露筋、裂缝等现象	良好	0.12	10.20
2	伸缩缝填料无流失	一般	0.08	6.00
3	基础无裸露	良好	0.04	3.40
4	基础无明显位移	良好	0.12	10.20
	混凝土建筑物总分			29.80

9.2.3 水利工程信息化管理体系

1. 信息基础设施

——现状——

截至 2015 年，灌区有水位观测设施，没有雨量观测设施，闸门、水位等数据人工采集，灌区没有监测仪器，无水文预报系统，未建立洪水预报模型。网络建设程度低，信息化管理人员不对口，为兼职人员。

——评析——

灌区需建立自动监控系统，提高自动监控覆盖率；网络建设需拓宽覆盖范围，形成更为完善的局域网；成立专门的水利信息化工作机构，形成一支高素质的信息化建设管理队伍，适应信息化系统建设管理和运行维护的需求。

信息基础设施三级指标得分统计见表 9-9 所列，其中优秀赋 95 分、良好赋 85 分、一般赋 75 分、合格赋 65 分、不合格赋 50 分，乘以对应权重可得该三级指标最后得分，加权平均得出二级指标总分。

表 9-9　信息基础设施三级指标得分统计

序号	三级指标	等级	权重	得分
1	数据采集	合格	0.09	5.85
2	工程自动监控系统	合格	0.09	5.85
3	网络建设	良好	0.09	7.65
4	信息化管理机构（或人员）	一般	0.09	6.75
	信息基础设施总分			26.10

2. 水利信息资源

——现状——

水文数据：有水位观测设施，没有雨量观测设施，设施损坏后无人维修，水文数据人工采集。

灌区没有监测仪器，人员、经费不足，工程观测数据、运行管理数据无法采集。地理信息系统尚未建立。

——评析——

各类水文测站、监测仪器严重不足，水文数据、工程观测数据等无法采集，急需增加人员和经费，提高水利信息资源能力。

水利信息资源三级指标得分统计见表 9 - 10 所列，其中优秀赋 95 分、良好赋 85 分、一般赋 75 分、合格赋 65 分、不合格赋 50 分，乘以对应权重可得该三级指标最后得分，加权平均得出二级指标总分。

表 9 - 10　水利信息资源三级指标得分统计

序号	三级指标	等级	权重	得分
1	水文数据	一般	0.09	6.75
2	工程观测数据	一般	0.09	6.75
3	运行管理数据	一般	0.09	6.75
4	地理信息数据	不合格	0.09	4.50
水利信息资源总分				24.75

3. 业务应用系统

——现状——

目前已建有单位门户网站，实现灌区部分工程管理信息、综合经营等信息的在线发布与查询。水资源管理、水质监测和评价、水利工程管理等业务应用系统建设尚未开展。

——评析——

应用系统建设不足，应用不够广泛。需要完成信息共享与交换系统、信息服务与发布系统、电子政务服务体系等。在实现信息共享及服务的同时应建设信息安全防护体系，实现水利网络与信息的安全管理。

业务应用系统三级指标得分统计见表 9 - 11 所列，其中优秀赋 95 分、良好赋 85 分、一般赋 75 分、合格赋 65 分、不合格赋 50 分，乘以对应权重可得该三级指标最后得分，加权平均得出二级指标总分。

表 9 - 11　业务应用系统三级指标得分统计

序号	三级指标	等级	权重	得分
1	水利信息综合服务	一般	0.10	7.50
2	调度运行指挥系统	一般	0.10	7.50
3	水利工程和河湖资源管理系统	不合格	0.06	4.00
业务应用系统总分				19.00

9.2.4　水利工程调度运行及应急处理能力体系

1. 指挥决策科学化

——现状——

管理局设立灌溉管理科，负责制定灌区防汛抗旱预案、供排水方案和计划并组织实施，负责组织防洪抢险及灌溉突发事故的处理，负责灌区防汛抗旱器材的储备和调配工作。

防汛值班制度执行情况好，调度指令的执行力强，调度运行基本信息实时性程度高。

——评析——

建议单独成立防汛办公室、人事教育处、监察室。办公设施需继续添置完善，需建立健全调度运用方案。

指挥决策科学化三级指标得分统计见表 9 - 12 所列，其中优秀赋 95 分、良好赋 85 分、一般赋 75 分、合格赋 65 分、不合格赋 50 分，乘以对应权重可得该三级指标最后得分，加权平均得出二级指标总分。

表 9 - 12　指挥决策科学化三级指标得分统计

序号	三级指标	等级	权重	得分
1	组织机构完善程度	优秀	0.04	3.80
2	岗位设置合理程度	优秀	0.04	3.80
3	办公设施齐全程度	良好	0.04	3.40
4	防汛值班制度执行情况	优秀	0.04	3.80

（续表）

序号	三级指标	等级	权重	得分
5	建立健全调度运用方案	优秀	0.08	7.60
6	调度指令的执行力	优秀	0.08	7.60
7	调度运行基本信息适时性程度	优秀	0.04	3.80
指挥决策科学化总分				33.80

2. 应急处置规范化

——现状——

管理局汛期做到：一要严格防汛责任。各级防汛责任人迅速到岗到位，深入一线，靠前指挥。各级防指负责同志要坐镇指挥，及时会商研判，周密部署防汛工作，决不允许麻痹侥幸。二要强化防范措施。水库要加强巡逻查险，超汛限水位的水库一律要采取预泄措施；病险水库要做到低水位甚至空库运行。中小河流要强化巡查，上足防守力量。山区地质灾害点要落实好避险和转移措施。圩区和城市（城镇）低洼地区要做好防涝排涝工作。三要强化应急准备。各级防汛、抢险、救灾、医疗队伍和物资储备部门，要迅速集结待命，保证队伍随时出击、物资随时调用，保障转移群众的衣、食、住、行、饮、医。四要严肃防汛纪律。各级各部门各单位要 24 小时值班值守，严格领导带班制度，确保政令、信息畅通。对责任不到位、工作不力造成损失的，及时严肃追究有关人员责任。

管理局抗旱做到：一要有抗大旱、抗久旱的思想，把抗旱工作作为当前的中心任务来抓，保民生、保稳定。二要按照抗旱预案的要求，加强抗旱用水的科学调度与管理，做到计划供水，节约用水。三要加强巡渠查险工作，确保输水安全。用水高峰期，大多数渠道处在高水位满负荷运行状态，要进一步加强巡渠查险工作，及时发现、及时处理险工险段隐患。

——评析——

管理局日常与专项检查科学合理，调度运行责任制全面落实，运行安全知识宣传适应性较好，应急预案建设较为齐全，统计报送时效性和准确性较高。

应急处置规范化三级指标得分统计见表 9 - 13 所列，其中优秀赋 95 分、良好赋 85 分、一般赋 75 分、合格赋 65 分、不合格赋 50 分，乘以对应权重可得该三级指标最后得分，加权平均得出二级指标总分。

表 9-13　应急处置规范化三级指标得分统计

序号	三级指标	等级	权重	得分
1	日常与专项检查情况	良好	0.06	5.10
2	调度运行责任制全面落实	优秀	0.08	7.60
3	运行安全知识宣传适应性	优秀	0.04	3.80
4	应急预案建设及执行情况	良好	0.08	6.80
5	统计报送时效性和准确率	优秀	0.04	3.80
	应急处置规范化总分			27.1

3. 防汛抢险专业化

——现状——

管理局汛期要求各级责任人全部到岗到位。各县市区防指主要负责人驻守防指，调度指挥。各级包保责任人全部进入一线，靠前指挥。市防指成员单位实行 24 小时领导驻办带班。所有有防汛责任的外出人员，须立即返回。各级各部门要按照防汛预案分工，坚决服从市防指调度，全力履行工作责任，确保责任到位、措施到位。对违反防汛纪律、不执行防汛指令、工作失职渎职的，追责问责；造成损失的，依法依规严肃处理。

管理局防汛物资储备严重不足，管理不到位。

——评析——

防汛物资贮备水平较低，管理水平有待提升。队伍建设较好，保障能力较强。调度队伍建设需进一步健全完善。

防汛抢险专业化三级指标得分统计见表 9-14 所列，其中优秀赋 95 分、良好赋 85 分、一般赋 75 分、合格赋 65 分、不合格赋 50 分，乘以对应权重可得该三级指标最后得分，加权平均得出二级指标总分。

表 9-14　防汛抢险专业化三级指标得分统计

序号	三级指标	等级	权重	得分
1	防汛物资贮备及管理水平	不合格	0.04	2.00
2	队伍建设与保障能力	良好	0.08	6.80
3	建立健全调度队伍建设	良好	0.08	6.80
	防汛抢险专业化总分			15.60

4．涉河事务管理

灌区含有渠首工程、总干渠、干渠、分干渠、支渠、分支渠等灌溉体系，范围大，面积广。灌区实行"统一管理、条块结合、分级负责"的原则，灌区管理处负责管理跨市（县）的干渠和建筑物，其他由各市（县）负责管理。近年来，随着灌区经济的发展，在河道管理范围内开发利用项目越来越多，规模越来越大，对涉河项目的管理有些不尽如人意的地方，对水工程的安全也产生不利影响。

涉河事务管理三级指标得分统计见表 9-15 所列，其中优秀赋 95 分、良好赋 85 分、一般赋 75 分、合格赋 65 分、不合格赋 50 分，乘以对应权重可得该三级指标最后得分，加权平均得出二级指标总分。

表 9-15 涉河事务管理三级指标得分统计

序号	三级指标	等级	权重	得分
1	无违法排污、私设排污口现象	良好	0.03	2.55
2	无侵占河道、乱到垃圾现象	良好	0.03	2.55
3	涉河项目按批准实施	良好	0.04	3.40
4	采砂按批准区域开采	良好	0.04	3.40
涉河事务管理总分				11.9

9.2.5 水生态管理体系

1．水土流失治理

管理局认真落实"三线三边"环境整治，对于岸坡等存在的水土流失现象积极研究治理措施。目前灌区管理范围内的水土流失尚未得到治理。

水土流失治理三级指标得分统计见表 9-16 所列，其中优秀赋 95 分、良好赋 85 分、一般赋 75 分、合格赋 65 分、不合格赋 50 分，乘以对应权重可得该三级指标最后得分，加权平均得出二级指标总分。

表 9-16 水土流失治理三级指标得分统计

序号	三级指标	等级	权重	得分
1	水土流失治理率	合格	0.18	11.70
2	水土流失治理措施	合格	0.12	7.80
水土流失管理总分				19.50

2. 水质达标管理

灌区水质目标为 Ⅱ 类，实测水质为 Ⅳ～Ⅴ 类。

水质达标管理三级指标得分统计见表 9-17 所列，其中优秀赋 95 分、良好赋 85 分、一般赋 75 分、合格赋 65 分、不合格赋 50 分，乘以对应权重可得该三级指标最后得分，加权平均得出二级指标总分。

表 9-17　水质达标管理三级指标得分统计

序号	三级指标	等级	权重	得分
1	水质达标程度	优秀	0.18	17.10
2	水质管理措施	良好	0.12	10.20
水质达标管理总分				27.30

3. 环境管理

管理局在灌区管理和保护范围内确权划界工作尚未完成，工程管理范围总面积 459.84 万 m^2，其中水面面积 253.47 万 m^2，土地面积 206.37 万 m^2。水面面积是渠道灌溉时的面积，主要是水库水，也有少量是区间水溪流入的水，渠水主要受沿渠污水污物影响。土地面积有不少是防汛公路面积，其他是办公院所等，沿渠不少地点当地群众乱倒垃圾，没有做任何保洁工程。

环境管理三级指标得分统计见表 9-18 所列，其中优秀赋 95 分、良好赋 85 分、一般赋 75 分、合格赋 65 分、不合格赋 50 分，乘以对应权重可得该三级指标最后得分，加权平均得出二级指标总分。

表 9-18　环境管理三级指标得分统计

序号	三级指标	等级	权重	得分
1	划界范围的保洁率	合格	0.07	4.55
2	确权范围的保洁率	良好	0.07	5.95
3	保洁效果	良好	0.06	5.10
环境管理总分				15.60

4. 绿化管理

管理局绿地（树木植被）面积约为 61.9 万 m^2，绿化率达 30%。管理局着力开展法制宣传教育，管理范围内树木植被无乱砍滥伐行为。

绿化管理三级指标得分统计见表 9-19 所列，其中优秀赋 95 分、良好赋

85 分、一般赋 75 分、合格赋 65 分、不合格赋 50 分，乘以对应权重可得该三级指标最后得分，加权平均得出二级指标总分。

表 9 - 19　绿化管理三级指标得分统计

序号	三级指标	等级	权重	得分
1	划界范围绿化覆盖率	良好	0.07	5.95
2	确权范围绿化覆盖率	合格	0.07	4.55
3	绿化效果	良好	0.06	5.10
绿化管理总分				15.60

9.3　管理现代化进展评价

9.3.1　二级指标评价

由表 9 - 1～表 9 - 19 可统计得出五项一级指标的综合分值与实现程度。

1. 水利工程规范化管理体系

表 9 - 20　水利工程规范化管理体系得分统计

序号	二级指标	权重	相应分值
1	组织管理	0.16	13.50
2	安全管理	0.18	15.15
3	运行管理	0.52	43.58
4	经济管理	0.14	11.90

该一级指标综合分值为 84.13，目标值为 100.0，则实现程度为 84.13%

2. 水利工程设施设备管理体系

（1）堤防工程（含水库土建）

表 9 - 21　堤防工程（含水库土建）二级指标得分统计

序号	二级指标	权重	相应分值
1	堤防（坝）断面	0.20	16.70
2	堤（坝）顶道路	0.10	8.10

（续表）

序号	二级指标	权重	相应分值
3	堤防（坝）防护工程	0.10	7.50
4	穿堤建筑物	0.25	21.25
5	生物防护工程	0.05	3.75
6	排水系统	0.10	7.50
7	观测设施	0.10	8.50
8	管理辅助设施	0.10	8.50

该一级指标综合分值为81.8，目标值为95.0，则实现程度为86.1%

（2）水闸工程（含水库泄洪闸）

表9-22　水闸工程（含水库泄洪闸）二级指标得分统计

序号	二级指标	权重	相应分值
1	闸门	0.30	24.90
2	启闭机	0.20	17.80
3	机电设备及防雷设施	0.10	6.70
4	土工建筑物	0.10	8.50
5	石工建筑物	0.10	7.80
6	混凝土建筑物	0.10	8.50
7	观测设施	0.10	8.10

该一级指标综合分值为82.3，目标值为95.0，则实现程度为86.6%

（3）泵站工程

表9-23　泵站工程二级指标得分统计

序号	二级指标	权重	相应分值
1	主机泵	0.2	17.90
2	辅机系统	0.1	9.50
3	高低压电气设备	0.1	9.50
4	机电设备及防雷设施	0.05	3.65
5	闸门	0.1	8.40

（续表）

序号	二级指标	权重	相应分值
6	启闭机	0.1	9.50
7	土工建筑物	0.1	9.00
8	石工建筑物	0.1	8.50
9	混凝土建筑物	0.1	8.90
10	观测设施	0.05	4.75

该一级指标综合分值为 89.6，目标值为 95.0，则实现程度为 94.3%

（4）渡槽工程

表 9-24　渡槽工程二级指标得分统计

序号	二级指标	权重	相应分值
1	土工建筑物	0.28	23.80
2	石工建筑物	0.36	30.60
3	混凝土建筑物	0.36	29.80

该一级指标综合分值为 84.2，目标值为 95.0，则实现程度为 88.6%

因水利工程设施设备管理体系中堤防工程（含水库土建）、水闸工程（含水库泄洪闸）、泵站工程、渡槽工程四部分权重均为 0.25，故该一级指标最终分值为 84.48 分，实现程度为 88.9%。

3.水利工程信息化管理体系

表 9-25　水利工程信息化管理体系得分统计

序号	二级指标	权重	相应分值
1	信息基础设施	0.36	26.10
2	水利信息资源	0.36	24.75
3	业务应用系统	0.28	19.00

该一级指标综合分值为 69.85，目标值为 90.0，则实现程度为 77.6%

4.水利工程调度运行及应急处理能力体系

表 9-26　水利工程调度运行及应急处理能力体系得分统计

序号	二级指标	权重	相应分值
1	指挥决策科学化	0.36	33.80
2	应急处置规范化	0.30	27.10

（续表）

序号	二级指标	权重	相应分值
3	防汛抢险专业化	0.20	15.60
4	涉河事务管理	0.14	11.90

该一级指标综合分值为 88.4，目标值为 100.0，则实现程度为 88.4%

5. 水生态管理体系

表 9-27　水生态管理体系得分统计

序号	二级指标	权重	相应分值
1	水土流失治理	0.30	19.50
2	水质达标管理	0.30	27.30
3	环境管理	0.20	15.60
4	绿化管理	0.20	15.60

该一级指标综合分值为 78.0，目标值为 95.0，则实现程度为 82.1%

9.3.2　综合评价

表 9-28　管理局综合得分统计

序号	一级指标	权重	目标值	现状值	实现程度
1	水利工程规范化管理体系	0.30	100	84.1	84.1%
2	水利工程设施设备管理体系	0.25	95	84.5	88.9%
3	水利工程信息化管理体系	0.10	90	69.9	77.6%
4	水利工程调度运行及应急处理能力体系	0.25	100	89.2	89.2%
5	水生态环境管理体系	0.10	95	78.0	82.1%

管理局管理现代化综合得分为 83.6，实现程度为 85.8%

9.3.3　分析评价总结

（1）管理局管理现代化综合实现程度为 85.8%，大于 85%，属于初步实现现代化，表明管理局在管理现代化建设总体上取得了显著成效；但由于一级指标中"水利工程规范化管理体系""水利工程信息化管理体系""水生态环境管理体系"的实现程度小于 85%，不满足初步实现现代化的要求，故最终评价结果为未实现管理现代化。

（2）一级指标中"水利工程设施设备管理体系"和"水利工程调度运行及应急处理能力体系"两项实现程度超过 85％，其中"水利工程调度运行及应急处理能力体系"得分最高，实现程度接近 90％。这表明灌区防汛值班制度执行情况好，调度指令的执行力强，防汛抢险专业化程度高。

（3）一级指标中"水利工程规范化管理体系"实现程度为 84.1％，"水生态环境管理体系"实现程度为 82.1％，低于灌区管理现代化综合实现程度，故在组织管理、安全管理、运行管理以及环境管理、绿化管理等方面还有进一步提升的空间。

（4）一级指标中"水利工程信息化管理体系"实现程度为 77.6％，未达到初步实现现代化标准，是管理局管理现代化发展的短板。

（5）五项一级指标均未达到 90％，其中"水利工程信息化管理体系"未达到 80％，表明管理局离实现管理现代化还有一定距离，需要进一步努力。

第 10 章　推进水利工程管理现代化的对策措施

在明确了水利工程管理现代化内涵，设定了水利工程管理现代化目标与内容，并建立了评价指标体系的基础上，推进水利工程管理现代化建设就有了依据和参考。"十三五"时期是我国全面建成小康社会的最后五年，也是我国经济社会快速发展的五年，是加快水利现代化建设的大好时机，必须大力推动机制体制创新、法律法规建设、提高管理队伍素质、改善水生态环境，实现水利工程管理现代化"十三五"美好愿景。

10.1　深化体制改革和机制创新

现代化的管理体制与机制就是要建立和完善职能清晰、权责明确的水利工程分级管理体制；建立管理科学、经营规范的水利工程管理单位运行机制；建立市场化、专业化和社会化的水利工程维修养护体系；建立合理的水价形成机制和有效的水费计收方式；建立规范的资金投入、使用、管理与监督机制；建立保障有力、配套完善的政策、法律支撑体系。

10.1.1　规范管理，明确权责

根据《中华人民共和国水法》（主席令第 74 号）、《中华人民共和国防洪法》（主席令第 88 号）及各类工程管理办法，初步划分水利工程的管理、保护范围、管理权限及具体内容，加快确权划界工作。从深化水利改革、加强依法管理、推进水生态文明建设的高度，充分认识做好河湖及水利工程确权划界工作的重要性，切实抓好各项具体工作，尽快完成全国江河湖泊水库等确权划界登记。

10.1.2　划分水利工程管理单位类别和性质，严格定岗定编

各类现有、新建、改建大中型水利工程，都要确定管理机构，配备专管人员，制定管理办法，加强管理。这是确保水利工程安全，充分发挥水利工程效益的根本措施。管理单位根据国务院办公厅《关于水利工程管理体制改革实施意见》（水建管〔2002〕429 号）划分水利工程管理单位类别和性质的分类标准，结合水利工程管理单位职能，正确划分类别，合理定性。根据单位职能，本着"精简、高效、合理"的原则，整合机构设置，明确管理权限和职责，充实管理人员，建立分级管理的责任制度，建立健全防办、水政执法和纪检机构。

10.1.3　全面推进水利工程管理单位内部改革，严格资产管理

依照《水利工程维修养护定额标准》，各水利工程管理单位结合实际与现代化要求重新测算并落实和逐年提高"两费"，解决管养经费标准低的问题，保障水利工程安全运行与水利工程管理现代化的需求。

10.1.4　积极推进管养分离

扎实推进水利工程"管养分离"，促进水利工程维修养护的专业化和市场化。"两费"落实的水利工程管理单位，要加快剥离水利工程维修养护实体，通过竞标择优选择专业维修养护企业承担维修养护任务，尚未足额落实两项经费的水利工程管理单位，也要积极实行内部管养分离。要积极培育维修养护市场、锻炼养护队伍，引入市场竞争机制，逐步推行维修养护市场准入管理。

10.1.5　妥善安置分流人员，落实社会保障制度

人员分流必须坚持公开、平等、竞争、择优的原则，严格按规定程序和规定的编制员额、职数及比例配备人员，坚决执行政策标准，不准搞"特殊政策"，切实把人员定岗分流同完善竞争激励机制和新陈代谢机制结合起来，平稳地分流人员，真正达到优化队伍结构、提高队伍整体素质的目的。同时也要本着"无情分流、有情操作"的原则，认真做好分流人员的思想政治工作，正确对待个人工作岗位的变化；要不断拓宽渠道，努力使分流人员各得其所，人尽其才；各企事业单位应按政策标准积极接纳分流人员，为充分发

挥他们的作用创造条件。

10.1.6 完善水价形成机制，强化计收管理

立足我国国情和水情，逐步建立以全成本核算为基础的差别化水价形成机制，在对水资源开发、利用和保护全程进行全成本核算的基础上，按照水源类型、用途类别、区域类型及用水效率等，实行差别化水价；同时注重配套制度与设施建设，保障水价形成新机制的顺利实施。

依照《水利工程水费核订、计收和管理办法》强化计收管理：农业用水可实行基本水费加计量水费的制度，并可实行季节浮动水费。利用汛期弃水灌溉，其中属计划外供水部分可酌情减免水费。水资源短缺地区的工、农业用水可实行超额累进收费办法。

10.2 明确事权，多渠道筹集水利工程管理资金

按照《关于深化行政管理体制改革的意见》的要求，坚持中央统一领导、充分发挥地方主动性、积极性的原则，坚持事权财权匹配的原则，逐步调整完善水利工程建设与管理的事权财权。拓宽社会资本进入领域，除法律、法规、规章特殊规定的情形外，重大水利工程建设运营一律向社会资本开放。只要是社会资本，包括符合条件的各类国有企业、民营企业、外商投资企业、混合所有制企业，以及其他投资、经营主体愿意投入的重大水利工程，原则上应优先考虑由社会资本参与建设和运营。鼓励统筹城乡供水，实行水源工程、供水排水、污水处理、中水回用等一体化建设运营。

10.3 依靠科技创新，提高管理水平

建立较为完善的技术创新体系，完善科技创新激励机制，实现观测设施全面覆盖、操作平台智能简易、信息共享畅通迅捷、水利设备运行高效，基本实现自动化、信息化，并具有较强的技术创新能力，能够不断地提高水利管理技术水平。

10.4　重视法律法规体系建设，严格依法行政

加强法律法规条文的学习理解能力，并通过分析实际案例提高运用能力；加强法律文书的运用制作能力，每一个法定程序都有相应的法律文书，每一件法律文书都严格依照规范标准制作，依法送达，并通过文书掌握当事人履行情况；加强实际办案能力，提高办案质量和效率；加强违法行为的分析判断能力。

10.5　积极治理水土流失，改善水生态环境

持续推进水土流失综合治理，改善生态环境，恢复自然景观。长江、黄河、淮河等全国干流及主要支流沿线的大中型水利工程，丘陵山地区以小流域为单元进行水土流失综合治理；平原沙土区以骨干河道或行政村形成的小区域为单元，实行沟、河、渠、田、林、路统一规划治理，重点搞好河、沟、堤坡植被和工程护坡以及沟头防护工程等措施。完善水土保持配套法规体系，落实生产建设项目水土保持制度，加强水土保持监督管理机构和执法履行职责的能力建设，规范水土保持执法监督管理工作，建设水土保持监测网络与信息系统，开展水土保持监测规划。

通过实施河湖清淤疏浚、崩岸防护、河道整治、水系沟通、生态修复、水环境整治等工程，恢复水生生物群落，改善河湖生态环境自我修复能力，提高水环境承载能力，逐步改善生态环境。通过植被体系建设，使沿河植被得到恢复，做到水清、岸绿，实现河道水系生态化。

10.6　做好社会管理工作，建立社会公众参与管理制度

水利枢纽工程以及河湖管理工作，除了依靠各级管理机构，还要建立群管与专管相结合的水利工程管理网络，完善社会化参与机制和途径，从长远角度有效解决水利工程管理问题。要通过加强宣传，提高公众保护水利工程

和河湖水域的意识和自觉性；鼓励社会各方面积极参与保护水利工程和河湖水域的活动，加强社会监督；鼓励公众在水利规划编制、方案制定、措施落实、治理与监督等整个过程的广泛参与，不仅仅是通常讲的广泛征求意见，而是实质上的参与讨论、论证、实施和监督。

10.7　稳定队伍，注重人才引进与培养，提高管理人员素质

一是完善人才激励和保障机制，建立健全注重人才的公平分配激励机制，吸引人才投入和奉献水利工作；二是实施五大人才工程，为水利事业提供丰富的人才储备；三是加强业务培训，丰富培训方式，提升队伍素质；四是建立稳定的高素质的基层水利服务人才体系。

10.8　科学规划，分步实施，以点带面，稳步推进

科学的规划目标和可操作的实施步骤是水利现代化建设的有力保障。在制定发展规划时应遵从"与我国社会主义现代化和地区战略相协调，适度超前，分期推进"、"因地制宜，因时制宜，南北总揽，省、市、县兼顾，城乡统筹"、"整体推进，重点突出，分步实施，加快进程"、"深化改革，注入活力，开创新局面，加快发展"等原则，为实现水利工程管理现代化打下坚实的基础；安排实施进度时应按照"抓点带面、先行试点、整体推进"的工作思路，分期开展，稳扎稳打，逐步实施，稳步推进水利现代化建设。

图书在版编目(CIP)数据

水利工程管理现代化评价指标体系应用指南/黄祚继,高玉琴,汪霞等著.
—合肥:合肥工业大学出版社,2016.12
ISBN 978-7-5650-3197-7

Ⅰ.①水…　Ⅱ.①黄…　Ⅲ.①水利工程管理—现代化管理—评价指标—
指南　Ⅳ.①F407.9-62

中国版本图书馆 CIP 数据核字(2016)第 314847 号

水利工程管理现代化评价指标体系应用指南

黄祚继　高玉琴　汪　霞　赵以国　余　兵　等著　　责任编辑　刘　露

出　版	合肥工业大学出版社	版　次	2016 年 12 月第 1 版	
地　址	合肥市屯溪路 193 号	印　次	2017 年 8 月第 1 次印刷	
邮　编	230009	开　本	710 毫米×1010 毫米　1/16	
电　话	编校中心：0551-62903055	印　张	12.25	
	市场营销部：0551-62903198	字　数	232 千字	
网　址	www.hfutpress.com.cn	印　刷	合肥现代印务有限公司	
E-mail	hfutpress@163.com	发　行	全国新华书店	

ISBN 978-7-5650-3197-7　　　　　　　　　　　定价：29.80 元
如果有影响阅读的印装质量问题,请与出版社市场营销部联系调换。